Horst Petri
Verlassen und verlassen werden

Horst Petri

Verlassen und verlassen werden

Angst, Wut, Trauer und Neubeginn bei gescheiterten Beziehungen

Kreuz Verlag

Neu gestaltete Ausgabe des erstmals 1991
im Kreuz Verlag erschienenen Buches.

7 8 9 10 05 04 03 02

Ein Unternehmen der Verlagsgruppe Dornier
Postfach 80 06 69, 70506 Stuttgart, Tel: 0711/788030
Sie erreichen uns rund um die Uhr unter
www.kreuzverlag.de
Umschlaggestaltung: Atelier Jürgen Reichert, Stuttgart
Umschlagbild: René Magritte, Le Poison, 1939

Druck und Bindung: Kösel, Kempten
ISBN 3 7831 2094 2

Inhalt

Für meine Kinder

Danksagung

Ich sage allen meinen kleinen und großen Patienten, Paaren und Familien meinen herzlichen Dank, an deren Trennungsschicksal ich in mehr als zwanzig Jahren meiner Tätigkeit als Kinderpsychiater und Psychoanalytiker teilnehmen konnte. Auch wenn ich ihre Erfahrungen hier nur in wenigen Beispielen zitiere, hätte ohne sie das Buch nicht entstehen können. Es ist selbstverständlich, daß ihre Daten so verändert wurden, daß keiner von einem Dritten erkannt werden kann.

Da es in der Absicht des Buches liegt, das Drama von Trennung, Trauer und Versöhnung in seiner allgemeingültigen Form zu beschreiben, möchte ich auch allen Freunden, Bekannten und anderen Menschen danken, von deren oft schmerzlichen Erlebnissen ich gelernt habe. Soweit ich mich auf sie beziehe, wurden sie ebenfalls in einer für Dritte nicht erkennbaren Weise verfremdet.

Ich danke allen Autoren, deren Wissen mich über Jahrzehnte bereichert hat. Auch wenn hier nur einige wenige zitiert werden, um das Buch nicht durch einen zu hohen Anspruch an Wissenschaftlichkeit zu belasten, wäre ohne ihre grundlegenden Erkenntnisse eine für viele Leser, wie ich hoffe, verständliche Darstellung nicht möglich gewesen.

Ich danke der Lektorin vom Kreuz Verlag, Frau Dr. Dörthe Binkert, für den Vorschlag zu dem Buch und für ihre freundliche und qualifizierte Unterstützung.

Mein besonderer Dank gilt auch den Frauen, mit denen ich in meinem bisherigen Leben persönliche Trennungserfahrungen geteilt habe. Sie haben mich gelehrt, daß gemeinsames Glück und gemeinsamer Schmerz zur unteilbaren Einheit des Lebens gehören.

Berlin, im Sommer 1991 *Horst Petri*

Einleitung

Eine harmonische Ehe, eine Partnerschaft, deren Liebe alle Lebenskrisen überdauert, das Glück, Kinder zu haben – es gibt wohl nur wenige Menschen, die diese Vorstellungen von einer eigenen Familie nicht als Wunsch, als Vision und Hoffnung ihres Lebens mit sich herumtragen. Es sind die zentralen Träume von der eigenen Geborgenheit in dieser Welt und von der Liebe und Verantwortung für andere, die sich hier am vollkommensten erfüllen.

Dagegen gehört es zu den besonders schmerzlichen Widersprüchen und leidvollen Erfahrungen, daß mit den Umbrüchen in Familie und Gesellschaft viele Menschen trotz der Gemeinsamkeit der Bedürfnisse an ihrer Verwirklichung scheitern.

Vor einiger Zeit wurde ich bei einem Notarzteinsatz in einem Berliner Arbeiterbezirk zu einer türkischen Familie gerufen. Die Wohnung war voll von Menschen – Erwachsene und Kinder, die schweigend herumgingen oder um eine Couch standen, auf der weinend eine junge Frau lag. Ihr etwa 13jähriger Sohn bat mich, seiner Mutter eine Beruhigungsspritze zu geben. Nach den Gründen gefragt, erzählte er, daß sein Vater vor einer Woche mit dem Messer auf seine Mutter losgegangen sei und sie durch mehrere Stiche in die Brust schwer verletzt habe. Die Mutter mußte ins Krankenhaus, der Vater kam ins Gefängnis. Heute morgen wurde seine Mutter entlassen. Vor drei Stunden hätten sie erfahren, daß sich der Vater in seiner Zelle erhängt hatte. Daraufhin habe seine Mutter in einem Erregungszustand versucht, sich ihre Wunden wieder aufzureißen. – Das Gesicht dieses

Jungen, während er erzählte, wird mir lange im Gedächtnis bleiben.

Einige Stunden später kam ich zu einer alleinerziehenden Mutter, die wegen einer hochfieberhaften Grippe seit drei Tagen im Bett lag. Ihre etwa drei und fünf Jahre alten Kinder spielten fröhlich im angrenzenden Zimmer. Ich verwunderte mich; Kinder seien doch oft unausstehlich, wenn ihre Mutter für längere Zeit ausfiele. »Nein«, sagte sie, »meine Kinder wissen, daß ich für sie da bin, wenn sie krank sind; jetzt sind sie für mich da; sie kümmern sich rührend um mich.«

Als ich abends nach Hause fuhr, dachte ich, wie geduldig doch all das beschriebene Papier in den soziologischen und psychologischen Büchern ist, die ich in den letzten Jahren über die Familie gelesen habe. Die beiden Erlebnisse verdeutlichten mir, wie klischeehaft oft unsere Vorstellungen über die komplexe Struktur menschlicher Beziehungen sind. Im Blick auf die gegenwärtige Krise der Kleinfamilie in den spätkapitalistischen Gesellschaften und auf die hohen Scheidungsraten mit den von ihnen betroffenen Kindern tendieren wir leicht dazu, die Vergangenheit oder andere gegenwärtige Kulturen zu idealisieren. Die Großfamilien, wie sie bei uns bis zur industriellen Revolution verbreitet waren, oder die in anderen Völkern, z.B. bei den Türken, heute noch bestehenden Familienclans werden auf diese Weise zu ersehnten Horten der Geborgenheit und sozialen Sicherheit, in denen Kinder geliebt und behütet heranwachsen. Dagegen belehrt uns die Psychohistorie der Kindheit im geschichtlichen Vergleich und ein Blick auf die gegenwärtige Lage der Kinder in der Welt, daß Kindheit, bis auf wenige Ausnahmen in einigen Urkulturen, in der bisherigen Menschheitsgeschichte nur selten das »Paradies und die glücklichste Zeit des Lebens« widerspiegelt. Im Gegenteil.

Schon die griechischen Tragödien, die am Beginn unserer abendländischen Kultur stehen, beschreiben das traurige

Schicksal von Kindern, die im Beziehungsdrama ihrer Eltern aufgerieben werden: die Kinder von Medea, Ödipus, Orest, Elektra und viele andere. Kindesopfer, Kindesaussetzung, Kindestötung, Kindesmißhandlung, Kinderausbeutung, ob als Arbeitskraft oder als sexuelle Opfer, privat oder gewerblich, das millionenfache Kindersterben, ob in Kriegen, durch Hunger oder vermeidbare Krankheiten – von der Frühzeit über das Mittelalter bis in unsere Gegenwart spannt sich die ununterbrochene Kette von Grausamkeiten und unmenschlichem Leid, das Kindern zugefügt wird.

Unter diesem historischen und globalen Blickwinkel stellt das Schicksal der Kinder in den westlichen Industrienationen, die immer häufiger von der Scheidung ihrer Eltern betroffen werden, nur eine, und zwar relativ milde Variante der ungezählten Verletzungen von Kinderrechten dar. So traurig im Einzelfall die damit verbundenen Erfahrungen sind, erscheint mir diese Relativierung wichtig, um einem besseren Verständnis und konstruktiven Lösungen des Problems näherzukommen.

Unser Jahrhundert hat bekanntlich wie keines zuvor, ausgelöst durch die Industrialisierung und den technischen Fortschritt, zu dramatischen Veränderungen des Zivilisationsprozesses geführt, deren rasantes Tempo wir nur noch atemlos verfolgen können. Die seelische Entwicklung des Menschen konnte nicht in der gleichen Geschwindigkeit mitreifen und sich den neuen Erfordernissen der Zeit anpassen. Die Systemtheorie hat uns jedoch gelehrt, daß der Mensch als eine Teileinheit einer planetaren Ganzheit aufzufassen ist und daher in enger wechselseitiger Abhängigkeit von seiner selbstproduzierten Umwelt und der Natur lebt. Das Gleichgewicht der Ganzheit wird zerstört, wenn ihre Einzelteile unterschiedliche Evolutionsprozesse durchmachen und nicht mehr harmonisch aufeinander bezogen sind. Nach diesem Ansatz verwundert es daher nicht, daß der heutige Mensch gegenüber seiner Umwelt auf einer relativ unreiferen Stufe seiner seelischen Entwicklung steht als in früheren Zeiten.

Der beschleunigte Zerfall der Familie ist nur ein Symptom dafür, daß der einzelne den Anforderungen einer durchtechnisierten Welt nicht mehr gewachsen ist. Von vielen Psychologen und Soziologen ist schon häufig beschrieben worden, wie der Mensch unter diesen Lebensbedingungen als ein Teil einer großen Maschine bürokratisch verwaltet und dadurch von seinen eigenen Wünschen, Bedürfnissen und Lebenszielen und von anderen Menschen entfremdet wird. Heute wissen wir, daß diese Entfremdung nicht nur die eigene innere Natur betrifft, sondern auch die äußere, mit der wir zunehmend in Disharmonie leben. Hierin liegt ein entscheidender Grund, warum sich der Anspruch des Menschen auf ein persönliches Lebensglück und auf die Erfüllung von Liebeswünschen erst in diesem Jahrhundert besonders stark entwickelt hat. Wo der Glaube zerfällt und die Geborgenheit in der sozialen Gemeinschaft und in der Einheit mit der Natur zerstört ist, wächst das Gefühl der Einsamkeit und, um ihr zu entgehen, das Verlangen nach immer mehr persönlichem Glück und Liebe.

Es ist daher nicht erstaunlich, von der Familienforschung zu erfahren, daß die Familie durch die emotionalen Ansprüche ihrer Mitglieder auf Dauer überfordert ist und daher oft zerbricht. Von früheren Epochen bis in gegenwärtige Kulturen hinein wissen wir, daß Liebe keineswegs das oberste Prinzip war, von dem Ehe und Kindererziehung geleitet wurden. Hier bestimmten stärker die Tradition, der Glaube, die Notwendigkeit zu wechselseitigem Schutz und die Sicherung der Nachkommenschaft den Zusammenhalt der Gruppe. In unserer modernen Welt werden diese Aufgaben immer stärker von der Gesellschaft übernommen, und sogar die Sicherung der Nachkommenschaft droht für die Zukunft häufig in die Zuständigkeit der Gentechnologie zu geraten.

Aber neben diesem durch den zivilisatorischen Fortschritt begründeten Zerfall der Familie kommt in den letzten Jahrzehnten eine Ursache hinzu, die in der Diskussion des Scheidungsthemas einen großen Raum einnimmt – die Frauenbewegung in den westlichen Industrienationen. Sie hat inzwischen einen erheblichen Anteil an der wachsenden Zahl von Scheidungen. Die höhere Mobilität, die besseren Bildungs- und Berufschancen und die damit verbundene größere ökonomische Unabhängigkeit der Frau schufen die Voraussetzungen für einen tiefgreifenden Umbruchprozeß, in dem immer mehr Frauen zu Recht ihre emotionalen Bedürfnisse und Ansprüche an Beziehungen einfordern; auf diese Weise wurden die bisherigen patriarchalen Bedingungen von Partnerschaften grundlegend in Frage gestellt und erschüttert.

Erst wenn man alle genannten Gründe für die gegenwärtige Krise der Familie berücksichtigt, kann die Bereitschaft wachsen, die Illusionen von einer dauerhaften Partnerschaft in einer von Glück und Kindern gesegneten Ehe aufzugeben. Nur so läßt sich auch der Widerspruch zwischen unseren Wünschen und der Realität anerkennen. Denn die hohe Zahl der Scheidungen und der von ihnen betroffenen Kinder zeigt uns eindringlich, wie sehr sie inzwischen zu einem Zustand der Normalität geworden sind, der durch keine Verleugnung mehr aufzuheben ist. Sie sind ein kollektives Schicksal, das uns alle angeht. Die entscheidende Frage lautet, wie aus diesem Eingeständnis unserer Situation eine Hilfe zu erwarten ist.

Jede Zerstörung von Illusionen löst zunächst Ängste aus und verstärkt die Versuche, alte Ordnungen zu erhalten oder wiederherzustellen. So sind die Bemühungen von Kirche und Staat zu verstehen, die traditionelle Familie zu fördern, Scheidungen und abweichende Formen der Kindererziehung dagegen, z.B. durch eine drastische Steuergesetzgebung, zu »bestrafen« bzw. zu erschweren. Das Leiden, das allein dadurch direkt und indirekt Kindern zusätzlich zu der

Trennung zugefügt wird, ist als sehr hoch einzuschätzen. Unter solchen restaurativen Tendenzen kann oft nicht wahrgenommen werden, wie aus der modernen Umbruchsituation unserer Gesellschaft viele Menschen nach neuen Wegen suchen, Fragen von Partnerschaft und Kindererziehung mit viel Phantasie, Verständigungsbereitschaft, Kreativität und Beziehungsangeboten befriedigender zu gestalten.

Alleinerziehende Mütter, alleinerziehende Väter, nicht verheiratete Paare mit Kindern, gemischte Wohngruppen von Erwachsenen und Kindern, großzügige Besuchsregelungen mit weitreichenden Rechten des nicht Sorgeberechtigten, geteiltes Sorgerecht, gemeinsame Unternehmungen mit Kindern von getrennt lebenden Eltern, die selbstverständliche Integration von Kindern aus Erstehen in Zweitehen oder folgende Partnerschaften – gegenüber früheren Zeiten ist inzwischen ein breites Spektrum von unterschiedlichen Modellen der Zuständigkeit für Kinder entstanden, die einen ermutigenden Ausweg aus dem Dilemma der Scheidungskinder suchen. Ihre Lebendigkeit und innovative Kraft wird bisher nicht genügend gesehen und gewürdigt, wenn über das »traurige« Schicksal von Scheidungskindern geschrieben wird. Partner, die zu solchen Lösungen von Trennungskonflikten in der Lage sind, haben meist den schmerzlichen Verlust der beschriebenen Illusion verarbeitet. Ihre neuen Einsichten dienen in erster Linie dazu, das Schicksal der Kinder zu erleichtern. Besonders wichtig erscheint mir daran, daß solche Wege von einer wechselseitigen Verantwortung, Rücksichtnahme und Ehrlichkeit zeugen, die den Kindern die Möglichkeit geben, sich mit beiden Eltern relativ widerspruchsfrei zu identifizieren, was für ihre seelische Entwicklung von großer Bedeutung ist.

Mit dieser Beschreibung der Scheidungssituation soll kein idealistischer Gegenentwurf zu einer ausreichend harmonischen Ehe propagiert werden. Man kann auch nicht übersehen, wie schwer für alle Betroffenen die Bemühung um neue Formen des Zusammenlebens ist und wie weit die Realität oft noch von ihnen entfernt ist.

Kehren wir noch einmal zu den beiden eingangs geschilderten Familienbildern zurück. Sie stehen sich wie zwei entgegengesetzte Pole der menschlichen Kulturentwicklung gegenüber. Die Tragödie in der türkischen Familie entspringt archaischen Kräften, deren Trieb- und Gefühlspotential durch den Zivilisationsprozeß noch wenig geformt erscheint. Liebe und Haß, Leben und Tod werden hierbei noch in ihrer ursprünglichen Dramatik erlebt und handelnd erfahren. Dagegen steht die deutsche Mutter mit ihren beiden Kindern am anderen Pol einer zivilisatorischen Entwicklung, die nicht zuletzt durch die Unterdrückung der menschlichen Natur zur Entfremdung in der Gemeinschaft und zur Vereinzelung geführt hat. Die Mutter, die ihr Leben mit den beiden Kindern zur scheinbaren Zufriedenheit aller eingerichtet hat, stellt ein Beispiel für die wachsende Zahl der Frauen dar, die aus ihren enttäuschenden Erfahrungen in Ehe und Partnerschaften die Konsequenz gezogen haben, um ihrer eigenen inneren Harmonie willen auf die künftige Liebe zu einem Mann zu verzichten. Es handelt sich hierbei um eine tragische Kapitulation und einen tiefgreifenden Verlust an menschlicher Natur, deren Reichtum dem Zivilisationsprozeß zum Opfer gebracht wurde. So sehr wir auch angesichts unserer Situation gehalten sind, solche Formen der Konfliktbewältigung zu verstehen und zu akzeptieren, so sehr sind wir auch aufgefordert, nach neuen Lösungen zu suchen.

Denn nicht nur für die Erwachsenen, sondern besonders für die Kinder haben wir uns zu fragen, wie sie ihre volle Natur entfalten und zur Liebe und Partnerschaft zurückfinden sollen, wenn sie am Modell ihrer Eltern lernen, daß Alleinsein noch die relativ glücklichste Art der Existenzbewältigung darstellt. Dies wäre die traurigste Bilanz, die sich aus der Scheidungssituation ergibt.

Das vorliegende Buch konzentriert sich bei der Vielfalt der ineinandergreifenden Themen hauptsächlich auf die seelischen Probleme, die durch den Trennungsverlust für jeden Partner entstehen. Ihr besseres Verständnis erscheint mir zugleich die beste Voraussetzung zu ihrer Überwindung. Die Situation der Kinder wird nur in einem Kapitel gesondert dargestellt, wobei weitere Hinweise in die Beschreibung des Beziehungsschicksals der Eltern einfließen. Diese Beschränkung hat folgenden Grund: Es ist inzwischen allgemein bekannt und einsichtig, daß Kinder die Konflikte ihrer Eltern in ihren seelischen Reaktionen sehr genau widerspiegeln. Im Drama der Trennung werden sie zu unfreiwilligen Mitspielern. Die Tragik der Hauptpersonen besteht darin, daß sie aus meist unbewußten Motiven nicht nur ihrem eigenen Schicksal nicht entgehen können, sondern trotz besseren Wissens ihre Mitspieler scheinbar ohne Rücksicht und Verantwortung, ja oft absichtlich, in die Strudel der Verwirrung mit hineinziehen. Ohne Befreiung aus den Zirkeln der Verstrickung durch die Bewußtmachung eigener Konflikte werden die Kinder weder durch rationale Einsicht noch durch Appelle an die Vernunft aus ihrer leidvollen Rolle erlöst.

Das Buch soll daher Erwachsene zu dem Versuch ermutigen, durch den Blick in den eigenen Spiegel ihr Drama umzuschreiben – zuallererst für sich selbst und schließlich auch im Interesse ihrer Kinder. Die Zerreißprobe einer Trennung läßt sich besser bestehen, wenn die Trennungsphasen, der Trauerprozeß und die Versöhnung in ihren seelischen Bedingungen erkannt, durchlitten und verarbeitet werden können. Nur so tun sich Chancen für einen wirklichen Neubeginn auf, von dem auch die Kinder profitieren.

Aber da sich der einzelne als Teil einer Ganzheit schwer verändern kann, wenn sich nicht das Ganze verändert, wird in einem Schlußkapitel von den gesellschaftlichen Widerständen die Rede sein, die sich dem erfinderischen

Wandel beim Umbau familiärer Systeme noch entgegenstellen. Ihr Abbau ist ein dringendes Erfordernis unserer Zeit, um der zunehmenden Desintegration von Familie und Gesellschaft und dem von ihr produzierten Leid vorzubeugen.

Über den Verlust einer Illusion

Die Illusion von der »heilen Familie«, die über Jahrhunderte tradiert und verinnerlicht worden ist, steckt noch tief in der Wunschwelt jedes einzelnen und in den Vorstellungen der Öffentlichkeit.

Die Illusion ist ein komplexes psychologisches Phänomen, das sich der Aufklärung über die Realität hartnäckig in den Weg stellt. Die Umbrüche in Familie und Gesellschaft sind zwangsläufig mit der Zerstörung von Illusionen verbunden; aber sie lösen auch entsprechende Widerstände aus, wenn die Illusion nicht als solche erkannt und ihre Auflösung konstruktiv verarbeitet werden kann.

Besonders im Trennungsdrama verhindert das Festhalten an Illusionen den Trauer- und Versöhnungsprozeß und blockiert damit die Chancen des Neubeginns. Deswegen wird die Erörterung dieses Themas hier an den Anfang gestellt.

Illusionen gehören zu den spezifisch menschlichen Fähigkeiten, die unlösbaren Widersprüche, Belastungen und Konflikte des Lebens in erträgliche Bahnen zu lenken. Als Illusion bezeichnet man ein Wunschbild, mit dem man sich durch Selbsttäuschung eine eingebildete Wirklichkeit herstellt. Sprachlich entstammt der Begriff dem lateinischen Substantiv »illusio«, das »Ironie«, »Täuschung«, »Verspottung« und »eitle Verstellung« bedeutet; das dazugehörige Verb »illudere« hat außerdem die Übersetzung »sein Spiel treiben«, worin das Stammwort »ludus« enthalten ist, das u.a. »Spiel«, »Kriegsspiel«, »Kinderspiel», »Schauspiel«, »Scherz« und »Spaß« meint.

In diesen vielfältigen Wortbedeutungen wird die komplexe Struktur einer Illusionsbildung erkennbar. Redewendungen wie »Ich will dich auf meinen Händen tragen«, »Wir werden den Himmel auf Erden haben« oder »Ich liebe dich bis zum Ende der Welt« sind ebenso spielerische wie ironische Täuschungen des anderen und der eigenen Person über die Realität, von der man nie weiß, wann der Spaß in Ernst und das Kinderspiel in ein Kriegsspiel umschlagen kann. Dabei handelt es sich nicht um eine einfache Verleugnung der Realität. Eine Verleugnung beschränkt sich darauf, eine bedrohliche Situation und die daran gebundenen Gefühle nicht wahrzunehmen bzw. emotional nicht zu erleben. Die Illusion geht weiter, sie macht die Verleugnung quasi krisensicherer, indem sie die Realität durch eine Scheinwirklichkeit ersetzt. Dabei weist ihre Bedeutung als »eitle Verstellung« darauf hin, daß es besonders die Eitelkeit oder, in der Fachsprache, der Narzißmus ist, der gegen Verletzungen geschützt werden soll.

So halten viele Menschen nach einer Trennung, um die unerträgliche Kränkung zu ertragen, an Vorstellungen fest, der Partner werde irgendwann zurückkommen, im Grunde liebe er einen immer noch, und das gemeinsame Leben sei doch sehr glücklich gewesen. Solche Illusionen zeichnen sich, stärker als eine einfache Verleugnung, durch eine besondere Zähigkeit aus.

Im Dienst der Illusion steht aber nicht nur die Beschönigung und Verklärung einer anderen Person und der eigenen Lage, sondern auch die Verketzerung des anderen. Ein anschauliches Beispiel für den Umschlag einer positiven in eine negative Illusion lieferte ein Patient, der wegen Depressionen, Arbeitsstörungen und einem Alkoholproblem in die Therapie kam. Die Symptomatik war vor einem Jahr ausgebrochen, nachdem seine Frau ihn verlassen hatte. Obwohl schon seit langer Zeit keine sexuelle Beziehung zwischen den Partnern mehr bestand, die Ehefrau ihn über mehrere

Jahre betrogen hatte und die Trennung und spätere Scheidung finanziell ausbeuterisch nutzte, hielt der Patient über einen größeren Behandlungsabschnitt an der Idealisierung ihrer Person und der gemeinsamen Ehe fest.

Die Idealisierung ist eine auf einen anderen Menschen gerichtete Form der positiven Illusion, die dazu dient, die eigene Ambivalenz, d.h. das Schwanken zwischen widersprüchlichen Gefühlen, unter Kontrolle zu halten und die Schattenseiten des anderen zu vergolden. Nach einer längeren therapeutischen Bearbeitung seiner Idealisierungstendenzen löste der Patient diese nicht durch eine realistische Sichtweise auf, um sich aus der Bindung befreien zu können, sondern er kehrte sie um. Nun kamen sein ganzer Haß und seine Enttäuschung zum Vorschein und führten zu einer gnadenlosen Entwertung der Frau und ihrer Freunde. Der Patient illusionierte sich die Negativbilder einer »kalten, berechnenden, untüchtigen, rücksichtslosen und bösen Furie mit impotenten, faulen, genußsüchtigen, beruflich erfolglosen und lächerlichen Liebhabern«. Das Beharren auf diesen negativen Illusionen wurde in der Therapie zu einem unüberwindbaren Widerstand. Der Patient brach die Behandlung ab, weil es für ihn erträglicher war, wenigstens in negativer Form an seine Frau gebunden zu bleiben und seinen Haß in dieser pathologischen Weise zu fixieren, als sich mit seinem eigenen Versagen, seinen Schwächen und seiner Hilfsbedürftigkeit auseinanderzusetzen.

Das Beispiel verdeutlicht den Charakter und die Funktion von Illusionen besonders plastisch und gibt eine Anschauung davon, was der Verlust der Illusion von der heilen Familie auf individueller und kollektiver Ebene bedeutet.

In seiner Arbeit »Die Zukunft einer Illusion« setzt sich Freud mit dem fundamentalen Widerspruch auseinander, der zwischen den Triebbedürfnissen des einzelnen und den Anforderungen der Kultur auf Triebverzicht im Interesse des sozialen Zusammenlebens besteht. Die Kultur oder Zivilisation – Freud unterscheidet darin nicht – schafft sich Institutionen, Regeln und Gebote, übt also auf das Individuum den notwendigen Zwang aus, um in erster Linie die zur Lebenserhaltung notwendige Produktion und Verteilung von Gütern zu garantieren. Die Familie als zivilisatorische Einrichtung diente seit jeher über diese Funktionen hinaus der Erzeugung und Erziehung der Kinder und stellte auf diese Weise die Reproduktion der Gesellschaft sicher. Freud thematisiert die Situation der Familie nicht ausdrücklich. Seine Kulturkritik richtet sich vielmehr gegen die religiösen Institutionen, die in ihrem Zwangscharakter das Individuum zähmen und es durch Glauben und Jenseitsversprechungen für seine Triebverzichte entschädigen. Trotzdem sind seine Überlegungen für unseren Zusammenhang wichtig, weil sie der bisher ungelösten, aber zentralen Frage nachgehen, ob und in welcher Form der gesellschaftliche Druck notwendig ist, um die tendenziell a-sozialen, d.h. egoistischen Wünsche und Triebbedürfnisse des einzelnen im Interesse der Gemeinschaft unter Kontrolle zu halten. Ist eine menschliche Evolution denkbar – so etwa könnte Freuds Frage lauten –, in der durch freiwilligen Triebverzicht und die Anerkennung gesellschaftlicher Werte ein harmonisches Zusammenleben in der Gemeinschaft möglich ist, ohne daß die Kultur an ihrem Zwangssystem, z.B. an der traditionellen Familienform, festhalten muß?

Freud äußert sich skeptisch dazu. In der für ihn typisch ambivalenten Weise schließt seine Kritik an Einrichtungen der Kultur seine Vorbehalte gegen die Sozialisierbarkeit menschlicher Antriebe ohne Zwangsmaßnahmen ein.

Wo stehen wir heute, sechzig Jahre später und nach gesellschaftlichen Umbrüchen, deren Geschwindigkeit und tiefgreifende Veränderungen – auch im Hinblick auf die Familienstruktur – damals nicht vorhersehbar waren? Es ist zunächst erstaunlich, wie wenig das von Freud beschriebene Problem Eingang in die Kritik der bürgerlichen Familie gefunden hat. Die alleinige Kritik an den »bürgerlichen« Familienstrukturen übersieht das Ausmaß der seelischen Erschütterungen beim Zerfall dieser Strukturen und bietet noch keine Lösungen für dieses Dilemma an. Es ist daher wichtig, Freuds Frage auf dem Hintergrund der gegenwärtigen Krise der Familie in den westlichen Industrieländern erneut zu stellen: Droht nicht bei der zunehmenden Auflösung der Familie eine Verwilderung sozialer Normen, bei der jeder seine eigenen Interessen gegen die des anderen rücksichtslos durchsetzt?

Zur Beantwortung der Frage ist zunächst festzuhalten, daß der gesellschaftlich bedingte Übergang von der Groß- zur Kleinfamilie seit der Industrialisierung auch zu einer seelischen Umstrukturierung des Individuums geführt hat. Ursächlich dafür ist der Bedeutungswandel in den einzelnen Rollen, der sich verkürzt so zusammenfassen läßt: Der Mann verliert seine Funktion als Oberhaupt und Alleinernährer der Familie; die Frau verliert ihre Rolle als Hüterin des heimischen Herdes und einer größeren Kinderschar; die Kinder verlieren ihre Aufgabe als künftige Ernährer der Familie. Damit zerbricht die traditionell vorgeschriebene Rollenstruktur. Für alle Beteiligten müssen die Rollen umgeschrieben werden. Dabei dringen neue Rollenzuschreibungen und veränderte emotionale Erwartungen und Bedürfnisse in das Familiengefüge ein. Aus der Familie als Versorgungsgemeinschaft entwickelt sich eine Liebesgemeinschaft, die alle außerhalb nicht lebbaren Wünsche nach Kontakt, Gespräch, Nähe, Geborgenheit, Vertrauen und Erotik erfüllen soll.

Die dabei zwangsläufig produzierten Frustrationen werden in dem Maße verstärkt, als der Frau eine wachsende Mobilität, die Realisierung von Bildungschancen und eine freiwillige oder erzwungene Berufstätigkeit zugewachsen sind. Damit gerät sie in den Dauerkonflikt mehrerer, zum Teil widersprüchlicher Rollen.

Auf diesem Hintergrund muß die in den letzten Jahrzehnten fortschreitende Krise der inzwischen traditionellen Kleinfamilie verstanden werden. Deren Instabilität wirft die weitere Frage auf, ob das gegenwärtige Familienmodell an seine Grenzen gestoßen ist und an seinen gesellschaftlichen und individualpsychologischen Voraussetzungen scheitern muß. Die Frage ist deswegen von besonderer Brisanz, weil uns die Folgen der Auflösung, die Katastrophen und Tragödien für Eltern wie Kinder, die wir allenthalben beobachten, oft als unfreiwillige und mißlungene Alternativen erscheinen müssen. Dabei ist der Eindruck oft nicht übertrieben, daß im Gefolge von Trennungen und Scheidungen tatsächlich eine Art Verwilderung sozialer Verhaltensweisen eintritt. Das Ausmaß an Haß, Gewalt, Egoismus, sexueller Willkür und Rücksichtslosigkeit bringt dabei nicht nur schwere Verletzungen der Rechte des anderen mit sich, sondern schlägt häufig selbstschädigend auf den einzelnen zurück. Damit scheint Freuds Annahme bestätigt, daß die Auflösung institutioneller Zwänge erhebliche Gefahren für den Triebhaushalt des einzelnen und für das soziale Zusammenleben mit sich bringt. Was bisher durch die Familie verdeckt war und in Schranken gehalten wurde, tritt jetzt offen zutage. Der Auflösung der Schranken folgt oftmals der Sturz in das strukturlose Chaos.

Diese Gefahren und die mit ihnen verbundenen Ängste bilden die Grundlage für die Illusionen, mit denen trotz vieler entgegengesetzter Anzeichen die Familie weiterhin als Hort der Sicherheit und Stabilität, des Glücks und der Lebenserfüllung angesehen und ersehnt wird.

Der Familientherapeut Jürg Willi beschreibt in seinem Buch »Koevolution«, mit dem Untertitel »Die Kunst des gemeinsamen Wachsens«, als wesentlichen Grund für den Zerfall familiärer Systeme den wachsenden »Selbstverwirklichungstrend« in der Gesellschaft. Hinter dem Wunsch nach Selbstverwirklichung verberge sich oftmals ein gegen die

Interessen anderer gerichteter Egoismus, der eine enge Verwandtschaft zu pathologischen Formen des Narzißmus habe. Wir erkennen hier die Argumentation von Freud wieder: Was dieser noch den Widerspruch zwischen der Triebstruktur des einzelnen und der Kultur nannte, erscheint bei Willi als Widerspruch zwischen Selbstverwirklichungstendenz und Gemeinschaft. Folgerichtig plädiert er für ein stärkeres ökologisches Denken im System menschlicher Beziehungen. Dieser Ansatz erscheint mir von größter Bedeutung. Wenn Willi aber schreibt: »Der Schutz des menschlichen Ökosystems, insbesondere der Familie, scheint mir ähnlich dringlich wie der Schutz unserer natürlichen Umwelt«[1], bietet er eine Lösung an, die noch deutlich von der Illusion der heilen Familie geprägt ist. Die entscheidende Frage bleibt jedoch, wie dieses Denken unter Berücksichtigung der Auflösung familiärer Systeme erreichbar ist. Denn es gibt kein Zurück mehr. Die Schranken sind gefallen. Wir müssen den Verlust der Illusion verschmerzen, weil die Realität die traditionelle Familie als Zwangsinstitution aufgehoben hat. Sie kann von der Tendenz her nur noch auf dem freien Wunsch und Willen der Partner basieren und stellt nur eine Form sozialen Zusammenlebens unter anderen dar.

Für diese Einschätzung sprechen folgende Daten und Entwicklungstrends: 1988 standen in der Bundesrepublik 400 000 Eheschließungen 130 000 Scheidungen gegenüber (knapp 1/3). In der Hälfte der Scheidungen sind Kinder betroffen – insgesamt jährlich ca. 100 000 aller Altersstufen. Seit 1960 gibt es einen zunehmenden Trend zu weniger Verheiratungen und zu mehr Scheidungen. Der Gipfel der Scheidungsraten liegt zwischen dem 4. und 6. Ehejahr (früher um das 7. Jahr). Damit nimmt das Alter der Kinder bei der Scheidung ab. 1988 lebten 1 Million Kinder bis 15 Jahren (12 % der Altersstufe) mit einem alleinerziehenden Elterteil zusammen. Bei den insgesamt 1,8 Millionen alleinerziehenden Eltern (17,5 % aller Familien mit Kindern) werden Kinder zu 90% von Müttern, zu 10% von Vätern versorgt; jenseits des zehnten Lebensjahres verschiebt sich die Relation geringfügig (Mütter 85%, Väter 15%).

Die Zahl der nichtehelichen Lebensgemeinschaften stieg von 1972 bis 1982 von 136000 auf 515000, also um das 3,7fache; dabei haben sich die jungen Lebensgemeinschaften (bis 35 Jahre) verzehnfacht. Seit 1975 steigt die Zahl der nichtehelichen Geburten weiter an (1984 waren es 9%), wobei das Alter der Mütter als Hinweis auf eine bewußte Mutterschaft 1980 bereits um die 30 Jahre lag (1970 noch um 20). Die genannten Zahlen sind Durchschnittswerte. Krasse Unterschiede ergeben sich durch das enorme Gefälle zwischen Großstädten und ländlichen Regionen. In den Großstädten ergeben sich für alle Bereiche sehr viel höhere Werte. Hier wird der Problemdruck noch durch die starken familien- und sozialstrukturellen Unterschiede erhöht, die zwischen Großstädten und Landregionen bestehen.

Der »National Council on Family Relations« beschreibt in seinem jüngsten Jahresbericht die Wandlung der Familie in Amerika mit folgenden Trendvoraussagen: Über zwei Drittel der Neuverheiratungen werden in irgendeiner Form der Auflösung enden. Zwischen 40% und 50% der von 1970 bis 1980 geborenen Kinder werden die Scheidung der Eltern erleben. Alternative Lebensformen nehmen rapide zu. Von 1970 bis 1988 wuchs die Zahl der unverheiratet zusammenlebenden Paare in Amerika von 0,5 auf 2,5 Millionen an, und die Zahl der Kinder von ledigen Müttern stieg zwischen 1960 und 1986 von 5% auf 23%.[2]

Nach allen historischen Erfahrungen über den zeitlich verschobenen gesellschaftlichen Wandel in Amerika und Deutschland werden wir uns also auf ähnliche Entwicklungen vorbereiten müssen.

Die Realität zwingt uns, die Illusion von der heilen Familie aufzugeben. Das ist nicht nur deswegen schwer, weil ihr Verlust uns mit unseren eigenen Schattenseiten konfrontiert und uns damit aufgibt, Angst, Scham und Schuldgefühle zu ertragen; der Verlust bedeutet auch die Herausforderung, unsere Schattenseiten in der Weise umzuwandeln, daß sie anderen und uns selbst nicht mehr zur Gefahr werden.

So sehr auch die Illusion zunächst zur Verklärung einer bedrohlichen Situation dient, so sehr steht sie einer reiferen Lösung von Konflikten im Wege. Sie bremst neue, der veränderten Lage angemessene Entwicklungen. Nur in der Konfrontation mit der Realität lassen sich aber die Kraft und der Mut finden, nach Wegen zu ihrer Umgestaltung zu suchen. Das »ökologische Denken im System menschlicher Beziehungen« läßt sich nicht verschreiben, indem man überkommene Strukturen festklopft. Insofern ist Freuds Frage nach der Notwendigkeit gesellschaftlicher Zwangsinstitutionen heute, sechzig Jahre später, am Beispiel der Familie durch ihren starken Wandel überholt worden. Wir kommen um die Alternative, nach neuen Formen familiären Zusammenlebens zu suchen, nicht herum. Das stellt uns angesichts des kollektiven Phänomens von Trennungen und Scheidungen vor die Aufgabe zu einem evolutionären Schritt, bei dem der einzelne seine Antriebe, Bedürfnisse, Wünsche, Phantasien und Hoffnungen – kurz, seine Selbstverwirklichung – frei von institutionellen Zwängen und in einer Form entfalten kann, die unter freiwilliger Begrenzung eigener Interessen die Rechte des anderen in gleicher Weise respektiert.

Daß es sich hierbei nicht um eine reine Utopie handelt, beweisen die inzwischen unzähligen Beispiele von Partnern, die nach Überwindung der Trennungskrise zu einem versöhnlichen und fairen Umgang miteinander finden und sich der gemeinsamen Aufgabe der Kinderbetreuung stellen, während jeder sein eigenes Leben gestaltet.

Alternative Formen in Partnerschaft und Kindererziehung setzen allerdings, wenn sie glücken sollen, einen seelischen Entwicklungsprozeß voraus, bei dem der Verzicht auf Illusionen nur der erste Schritt ist. Ein eindrucksvolles Beispiel dafür findet sich in dem Theaterstück von Edward Albee »Wer hat Angst vor Virginia Woolf...?« Das Ehedrama von Martha und George endet in einer ergreifenden Schlußszene:

»George legt Martha ganz zart die Hand auf die Schulter, sie läßt den Kopf darauf sinken, und er singt ganz leise: ›Wer hat Angst vor Virginia Woolf, Virginia Woolf, Virginia Woolf...‹
Martha: ›Ich... George...‹
George: ›...Wer hat Angst vor Virginia Woolf...‹
Martha: ›Ich... George... ich... ich...‹«

Viele Jahre spielen die Partner ein böses Spiel wechselseitiger Zerstörung bis zu dem Tag, an dem beiden das ganze Ausmaß ihres Unglücks und ihrer Entfremdung in der Ehe bewußt wird. Sie erklären sich den »totalen Krieg«, an dessen Ende die Trennung unvermeidbar erscheint.

Eine unerwartete Wendung nimmt das Drama und wird damit zu einem klassischen Lehrstück über die produktive Zerstörung von Illusionen, als George seiner Frau die Nachricht vom Tod ihres gemeinsamen, aber fiktiven, nur erfundenen Sohnes überbringt. Die beiden sind gegen ihren Wunsch kinderlos geblieben und haben, indem sie sich einen Sohn erdachten, die Abgründe zu überdecken versucht, die sie trennten. Die Aufkündigung der Illusion durch George führt bei Martha zu einem Zusammenbruch ihrer streitsüchtigen Abwehr. Erst der Verlust der Illusion ermöglicht ihr das Eingeständnis ihrer Angst, Einsamkeit und Schwäche: »Ich... George... ich... ich...« Dadurch entsteht eine Nähe von großer Intensität zwischen den beiden, die die Trennung aufhebt und das Paardrama in der Versöhnung enden läßt. Die mitgeteilte Angst ist der Anfang. »Mußtest du... mußtest du wirklich?« fragt Martha unter Tränen, bevor sie ihrem Mann die verzweifelte Angst zeigen kann. »Ja«, sagt George. »Es war höchste Zeit.«[3]

Der seelische Entwicklungsprozeß, der notwendig ist, um auf den Wandel in Familie und Gesellschaft flexibel reagieren zu können, setzt jedoch mehr voraus als den Verzicht auf Illusionen. Persönliche und gesellschaftliche Wege zur Neuorientierung werden durch Illusionen verbaut; aber umgekehrt erfolgt auch ein Rückgriff auf sie, wenn die weiteren Entwicklungsschritte nicht getan werden, die zur Verarbeitung des Trennungstraumas notwendig sind. Deswegen sollen sie in den folgenden Kapiteln eingehender dargestellt werden.

Trennung als archetypische Erfahrung

In der spätgriechischen Philosophie bezeichnet ein Archetypus das Urbild oder die Urform der Dinge. C.G. Jung hat diesem Begriff einen zentralen Stellenwert in seiner Psychologie des Unbewußten eingeräumt. Nach Jung speichert das kollektive Unbewußte, das sich aus der Menschheitsgeschichte entwickelt hat, archetypische Bilder, Symbole und Vorstellungen, aber auch Verhaltensmuster und Formen des Erleidens als Niederschlag allgemeinmenschlichen Erlebens.

Es ist auffallend, daß die Psychoanalyse die Trennung als eine allen Menschen gemeinsame existentielle Erfahrung bisher nicht in ihrer archetypischen Dimension und Bedeutung beschrieben hat. Sie anerkennt zwar das Trennungstrauma der Geburt und spätere Trennungen des Säuglings und Kleinkindes von der Mutter als mögliche Faktoren der Neurosenentstehung. Aber Trennung als tief in jedem Menschen verwurzelte, kollektive und den Lebensverlauf dynamisch mitgestaltende Erfahrung – dieses Thema ist bis heute fast unbearbeitet geblieben.

So ist es nicht erstaunlich, daß die umfangreiche wissenschaftliche wie populäre Literatur über Scheidungen differenzierte Theorien über die Ursachen und plastische Beschreibungen ihrer Folgen anbietet, aber die Wurzeln letztlich unverstanden bleiben, aus denen heraus die Trennungsdramen erwachsen. Die Schilderungen in den folgenden Kapiteln, so archaisch sie zuweilen auch anmuten, sind nur die äußeren Reaktionen, quasi die Symptome für die aus der Tiefe aufbrechende Erfahrung der Trennung. Wenn die Realität das im Unbewußten bereitliegende Leid ins

Bewußtsein hebt, wird, wie durch kaum eine andere menschliche Erfahrung das Chaos bewegt.

Die Urtrennung findet mit der Geburt des Menschen statt. Diese erste Trennung von der Mutter wird damit zur Urerfahrung, zum Urbild und zum Vorläufer aller späteren Trennungen. Sie ist eine allen Menschen gemeinsame, unwandelbare und die Menschheitsgeschichte umspannende Erfahrung und kann daher zu Recht als archetypisch bezeichnet werden.

Der Philosoph und Psychoanalytiker Otto Rank beschrieb 1924 in seinem Hauptwerk »Das Trauma der Geburt« als erster den grundlegenden Zusammenhang von Geburt und Trennung. Der Begriff »Trauma« bedeutet im Griechischen »Wunde«; er wurde von der Psychoanalyse aus der Medizin übernommen und bedeutet im psychologischen Sinne eine von außen kommende Reizüberflutung und Belastung, die die seelischen Verarbeitungsmöglichkeiten kurz- oder langfristig überfordern.

Interessant ist in diesem Zusammenhang, daß das Wort »trennen« sprachlich zur indogermanischen Wortgruppe »zehren« gehört, das stammesgeschichtlich die Bedeutung »zerreißen«, »vertilgen«, »vernichten«, »abspalten« und »abhäuten« hat. Verzehr bedeutet also nicht nur die Vernichtung und Zerstückelung von Nahrungsmitteln, sondern man »verzehrt« sich auch vor Schmerz, fühlt sich zerrissen, vernichtet, abgehäutet, wenn man verlassen wird, wenn jemand sich von einem abspaltet und »abtrünnig« wird. Dieses Wort kommt aus dem althochdeutschen »ab(a)trunnig«, das übersetzt »treulos« heißt; aus ihm hat sich der Begriff »trennen« entwickelt.

Die Herkunft des Wortes, seine sprachlichen Wurzeln und die Vielfalt seiner Bedeutungen geben uns also eine sehr lebendige Vorstellung davon, welche tiefen Wunden die Trennung zu reißen vermag.

Für Rank ist das Trauma der Geburt für den Säugling mit

einem Urkonflikt verbunden. Das Zerschneiden der Nabelschnur – ein Akt, der die aggressive Endgültigkeit der Trennung unterstreicht – beendet die Einheit mit der Mutter. Das Kind ist ab jetzt dazu verurteilt, ein Einzelwesen zu sein. Heute wissen wir, daß sein Wunsch nach Wiederherstellung der frühen Einheit, nach Rückkehr in den Mutterleib – nach Regression, wie man diesen Vorgang in der Fachsprache nennt – und sein sich langsam entwickelnder Antrieb, sich als Individuum zu verwirklichen, einen Grundkonflikt darstellt, der für die Dauer des Lebens bestimmend bleibt.

Die pränatale Psychologie hat in den letzten Jahrzehnten ein reiches Anschauungsmaterial dafür geliefert, warum das vorgeburtliche Leben offenbar als tiefe menschliche Sehnsucht erhalten bleibt. Leben beginnt nicht mit der Geburt, sondern reicht in frühe Stadien der Foetalzeit zurück. Die schwerelose Geborgenheit in der Wärme des Fruchtwassers, die Weichheit der umhüllenden Gewebe im Zentrum des mütterlichen Leibes und der beruhigende Pulsschlag ihres Herzens stellen ein optimales Milieu des Wohlbefindens und der Sicherheit bereit. Wie sich besonders aus der Motorik und der Herzfrequenz des Foeten nachweisen läßt, reagiert er mit Beruhigung, aber auch mit Unruhe und Schreck auf die Stimme und die Stimmungslage der Mutter. Ihre Ruhe ist seine Ruhe, ihre Angst seine Angst, d.h. es besteht bereits lange vor der Geburt eine enge psycho-somatische Beziehung in der Einheit von Mutter und Kind – eine Dual-Union. Dieses allumfassende, runde, vollkommene Gefühl des Einsseins bleibt nach der Trennung als archaische Erfahrung und als unstillbarer Wunsch bestehen und macht das Trauma, die Verletzung durch die Geburt, verständlich.

Dies um so mehr, als die anschließende Individuation mit Anstrengungen, Anforderungen, Verzichten, Versagungen, Unsicherheiten und Ängsten verbunden ist. Der zentrale und lebenslange Konflikt besteht also zwischen Regression und Progression, d.h. Weiterentwicklung und Aufbau einer eigenen Person. Dies kann nur gelingen, wenn in einem langsamen und schrittweisen Prozeß der Ablösung die innere und schließlich auch die äußere Trennung von dem mütterlich beschützenden Objekt erfolgt. Der Prozeß wird dadurch erschwert, daß nicht nur das Kind die enge Bindung zur Mutter auflösen muß; die Mutter muß ihrerseits die Loslösung fördern, indem sie dem Kind das bleibende Gefühl der Sicherheit und zugleich die notwendige Freiheit gibt. Es ist bekannt – und für unser Thema von großer Bedeutung –, daß viele Mütter (und auch Väter) an dieser Aufgabe oftmals scheitern. Da sie selbst die Trennung von dem Kind nicht bewältigen oder verzögern, bleibt dieses unnötig lange gebunden. Dadurch werden seine regressiven Bedürfnisse stimuliert und seine progressiven behindert.

Die Geburt als Urerfahrung der Trennung findet ihre Fortsetzung in den vielen Trennungssituationen, die jeder Mensch im Laufe seiner Lebenszyklen erlebt und verarbeiten muß. Erst wenn man sie sich in ihrer Normalität vor Augen führt, wird einem der archetypische Charakter der Trennung deutlich. Die Trennungserfahrung schlägt sich tief in der seelischen Struktur jedes einzelnen nieder und durchzieht als eine die eigene Sicherheit und Existenz jederzeit bedrohende Gefahr das Leben.

Nach der Geburt erlebt der Säugling, da er sich noch in der mütterlichen Einheit der Dual-Union wähnt, die Abwesenheit der Mutter außerhalb seiner Schlafzustände als Trennung. Er schreit und weint, bis er in der beschützenden Wärme der mütterlichen Umarmung den Urzustand der Symbiose wiederhergestellt hat. Man kann vermuten, daß sogenannte Schreikinder in den ersten Lebensmonaten besonders stark unter dem Trennungsschock der Geburt leiden. Auf diesem Hintergrund ist die frühe Sitte, Säuglinge über lange Zeit allein in ein Zimmer zu stellen und schreien zu lassen, mit der Begründung, das Schreien sei zur Stärkung der Lungen notwendig, als eine besondere Form unbewußter Grausamkeit gegen Generationen von Kindern zu werten. Solchen Trennungsfrustrationen waren auch noch große Teile der heutigen Erwachsenengeneration ausgesetzt!

Unvermeidbare Trennungserfahrungen in der weiteren Entwicklung von Kindern sind mit der Geburt von Geschwistern verbunden. Die teilweise heftigen Reaktionen sind erst in zweiter Linie ein Ausdruck von Neid. Im Vordergrund steht das Gefühl, einen erheblichen Teil der mütterlichen Zuwendung verloren zu haben, d.h. von ihr verlassen und getrennt worden zu sein. Wie dominierend dieses Gefühl in der frühen Kindheit ist, wie jedes kurzzeitige Weggehen, jede Abwesenheit von dem Kind mit intensiver Lautstärke und Anklammerungsversuchen beantwortet wird, ist allen Eltern wohlbekannt.

Der Eintritt in den Kindergarten und dann noch einmal der Schulbeginn sind einschneidende Schwellensituationen, an denen sich erweist, ob die Trennungstoleranz des Kindes inzwischen die notwendige Stabilität erreicht hat. Heftige Abwehrkämpfe, besonders zu Beginn, rühren auch hier aus dem Versuch, die Trennung zu vermeiden.

Für viele Kinder kommt es neben den unvermeidbaren Trennungen zu einer zusätzlichen und oft lebensbestimmenden Traumatisierung durch die gegenwärtigen Bedingungen der Sozialisation, die mit vielfältigen, oft vermeidbaren Trennungserfahrungen verbunden sind (früher Krippenaufenthalt, Horterziehung, Schlüsselkindsituation, langes häusliches Alleinsein durch Berufstätigkeit der Eltern usw.).

Die prägende Bedeutung von Trennungserfahrungen nimmt ihren Ausgang in der Kindheit. Das belegen auch die vielen Märchen und Mythen, die den archetypischen Charakter der Trennung in realen Schilderungen und symbolischen Darstellungen widerspiegeln. Besonders häufig trifft man in ihnen auf das Schicksal von ausgesetzten Kindern, von Kindern, deren Eltern gestorben sind, oder von Kindern mit Stiefmüttern nach dem Tod der eigenen Mutter. Als Beispiele aus unserem Kulturkreis sind besonders bekannt: Moses, Ödipus, »Schneewittchen«, »Brüderchen und Schwesterchen«, »Die Sterntaler« und »Hänsel und Gretel«. Diese Geschichten gehen historisch auf eine Zeit zurück, in der der frühe Tod der Eltern durch hohe Müttersterblichkeit, Epidemien und Kriege zur täglichen Erfahrung von Kindern gehörten; noch traumatischer war das Erlebnis, selbst ausgesetzt, weggeschickt und abgeschoben zu werden oder dieses Schicksal bei anderen Kindern mitzuerleben, einschließlich der endgültigen Trennung durch Tötung im Rahmen ritueller Opfer oder legaler wie illegaler Geburtenregelungen. Aus der Psychohistorie der Kindheit wissen wir, wie nachhaltig diese Bedrohungen für Kinder waren.

Diese zunächst historisch begründeten und in eine Frühzeit der Menschheit zurückreichenden Erfahrungen wurden von Kindheit an verinnerlicht und bilden heute den archetypischen Grund und den existentiellen Bestandteil jeder Lebensentwicklung.

Aber auch die späteren Lebenszyklen sind von unvermeidbaren Trennungen begleitet. Die Pubertät stellt den Jugendlichen vor die Aufgabe, nun endgültig seine eigene Identität zu entwickeln und sich innerlich wie auch äußerlich immer mehr von den Eltern zu lösen. Dieser Prozeß wird in unserer Gegenwart für viele Jugendliche außerordentlich erschwert, weil die enge emotionale Verflechtung, wie sie für die heutige Familie charakteristisch ist, und die ausgeprägte Kindzentriertheit der Erziehung zu starken wechselseitigen Bindungen zwischen Eltern und Kindern führen. Der Jugendprotest, ob individuell oder kollektiv, auf der einen Seite und die stille und unauffällige Fixierung vieler Jugendlicher ans Elternhaus auf der anderen sind Varianten desselben Trennungskonfliktes.

Der nächste Reifungsschritt, das Erwachsensein, ist mit der Berufsfindung und Familiengründung verbunden. Er bedeutet die endgültige Trennung von der Ursprungsfamilie. So wenigstens wird es im allgemeinen beschrieben. Die Realität weicht davon jedoch häufig ab. Die neue Familie wird, wenn auch mit veränderten Rollen, unbewußt als Fortsetzung der alten erlebt. Das betrifft besonders die Erfüllung elementarer Bedürfnisse wie Sicherheit, Geborgenheit, Verständnis, Zärtlichkeit und Liebe. Eine echte Trennung im Interesse einer autonomen Entwicklung findet dabei oft nicht statt. In der psychotherapeutischen Praxis begegnen einem zahllose Beispiele, in denen das Überwechseln von der Herkunftsfamilie in die selbst gegründete unmittelbar erfolgt, ja in denen als Grund für die eigene Familiengründung die stereotype Formulierung auftaucht: »Ich wollte aus meiner Familie raus.« In diesen Fällen, in denen ohne räumliche und zeitliche Unterbrechung die eine Familie nahtlos in die andere übergeht, wird ihre Funktion als Hort regressiver Bedürfnisbefriedigungen auf Kosten der Individuation meistens recht deutlich. Das betrifft besonders Ehen, die in jungen Jahren geschlossen werden und in denen es nicht zufällig auch zu einem erhöhten Scheidungsrisiko kommt.

Eine zweite Erfahrung kommt hinzu, die zeigt, daß eine reife Trennung oft vermieden wird. In vielen Familien mit und ohne Kinder spielt die Herkunftsfamilie in der Gestaltung des Lebens noch eine dominante Rolle. Ursächlich hierfür sind in der Regel unaufgelöste wechselseitige Bindungen. Innerhalb der Familientheorie und -therapie existiert eine Forschungsrichtung, die der Herkunftsfamilie sogar die entscheidende Bedeutung sowohl bei den Heirats- als auch bei den Scheidungsgründen beimißt.[4] Dabei werden Fixierungen an die Eltern und die unbewußte Übertragung ihrer verinnerlichten Bilder auf den späteren Partner zu zentralen Mechanismen einer konfliktgeladenen Beziehung.

Nur in den wenigsten Fällen, so scheint es, sind heute die Kontakte zwischen der Herkunftsfamilie und der eigenen auf konfliktfreier, wechselseitiger Anerkennung und Unterstützung aufgebaut. Nur in ihnen kann man davon ausgehen, daß der Trennungsprozeß und die Individuation gelungen sind.

Verfolgen wir die lebenszyklischen Trennungserfahrungen weiter, so trifft man auf die krisenanfällige Phase der Lebensmitte. Am schwierigsten ist hier wohl der Abschied von Idealen, Hoffnungen, unerfüllten Wünschen und Phantasien, die man an die Verwirklichung des eigenen Lebens, an den Beruf und an die Gesundheit und körperliche und geistige Leistungsfähigkeit geknüpft hat; dazu gehören auch die Erwartungen an die Liebe zu einem anderen Menschen, an die Familie, an die Entwicklung der eigenen Kinder und nicht zuletzt an den Verlauf der selbst erlebten politischen und gesellschaftlichen Geschichte; für viele Menschen bedeutet letztere den Verlust von nationaler Identität und von konkreter Heimat.

Die Trennung von diesen mehr oder weniger schmerzlich enttäuschten Lebensträumen und auch von Illusionen erfordert viel Kraft und hinterläßt ohne eine gründliche Neubewertung und Umorientierung Dauergefühle von Einsamkeit und Gescheitertsein.

Aber in dieser Phase mehren sich auch die konkreten Trennungen von Menschen; in erster Linie von den Kindern, die in dieser Zeit das Elternhaus verlassen oder sich immer stärker nach außen orientieren. Die Dichte der gefühlsmäßigen Bindungen innerhalb der Familie und die ihr korrespondierende Isoliertheit im außerfamiliären Feld erweisen sich besonders in dieser Zeit als starke Hemmnisse für eine Ablösung von den Kindern. Viele Erwachsene geraten dadurch heute in eine Krise; sie kann zur Katastrophe werden, wenn in der gleichen Zeit die Scheidungstrennung hinzukommt, was nach der Statistik häufig der Fall ist. Das gleiche gilt aber auch für alleinerziehende Eltern, die sich durch die Trennung von ihren erwachsenen Kindern häufig vor die Tatsache des endgültigen Alleinseins gestellt sehen.

Zur existentiellen Trennungserfahrung in der Lebensmitte gehört der Tod der eigenen Eltern. Dazu habe ich an anderer Stelle geschrieben: »Solange sie noch lebten, standen sie, auch wenn man es nicht wahrhaben wollte und der Kontakt auf seltene Anlässe beschränkt war, als schützende Gestalten im Hintergrund. Oft sind es mehr die inneren Urbilder – in der Psychoanalyse spricht man von den inneren Objekten –, die die Eltern in früher Kindheit in einem angelegt haben, die dieses Grundgefühl von Schutz, Zusammengehörigkeit und familiärer Geborgenheit vermitteln, auch wenn diese äußerlich nicht mehr bestehen. Der Tod zerreißt dann scheinbar dieses Band und liefert einen dem definitiven Alleinsein aus. Kompliziert wird diese Erfahrung besonders bei den Menschen, die in dem Gefühl großgeworden sind, von ihren Eltern nie im Leben das notwendige Maß an Liebe und Zuwendung bekommen zu haben. Auch wenn es real so war, hört die Sehnsucht niemals auf, eines Tages doch noch von den Eltern für die Versäumnisse entschädigt zu werden und doch noch die lebenslang ersehnte Liebe zu finden. Diese Menschen stehen mit dem Tod der Eltern vor der schmerzhaften Erkenntnis, daß sich nun ihre Sehnsucht nie mehr erfüllen wird. Hier müssen die drei Trennungsphasen besonders tief durchlitten werden, und ohne therapeutische Hilfe kann dieses Trauma oft das weitere Leben bestimmen.

Wie schmerzhaft generell die kollektive Trennungserfahrung beim Tod der Eltern sein muß, wurde mir an ihrem Gegensatz im vergangenen Jahr bei einer Reise nach Bali bewußt. Bekanntlich ist der animistische Totenkult und die -verehrung in dieser Kultur besonders ausgeprägt. In ihnen wird der Schmerz zur Freude transzendiert, weil die enge Verbindung mit dem Toten erhalten bleibt und der Tod als Befreiung erlebt wird, nachdem das Durchgangsstadium des Lebens durchschritten ist. Ich fühlte mich an meine eigene Erfahrung nach dem Tod meiner Eltern erinnert, den ich nach der Überwindung des Schmerzstadiums auch nicht mehr als eine Trennung erlebte. Denn zu meiner Überraschung wurden nach ihrem Tod ihre inneren Bilder als gute, aber auch als negative innere Objekte wieder ganz lebendig, mit denen ich in Gedanken und in Träumen eine Beziehung fortsetzen kann, einen Dialog, der im konkreten Leben oft erschwert war.«[5]

Wie traumatisch in unserer Kultur der Tod der Eltern oftmals erlebt wird, konnte ich bei einer Frau in der Lebensmitte sehen, die zu beiden Eltern eine tiefe innere Bindung hatte. Nach dem Tod ihrer Mutter machte sie bei der Beerdigung ihre erste spirituelle Erfahrung. Sie spürte die kosmische Anwesenheit der Mutter, die von nun an aus dem Jenseitsbereich alle Schritte der Tochter beobachten und kommentieren konnte. Die Frau gab kurze Zeit später ihren qualifizierten Beruf und eine langjährige Partnerschaft auf und wandte sich ausschließlich einem spirituellen Leben zu. Zwei Jahre später heiratete sie kurz vor dem Tod ihres Vaters einen zwanzig Jahre älteren Mann, der sich als ein spirituelles Medium in der Verbindung zu jenseitigen Seelen verstand.

Der wachsende Verlust des christlich religiösen Glaubens in unserer Kultur hat zweifellos die für unsere Zeit typischen Gefühle von Einsamkeit, Vergänglichkeit und Angst vertieft und macht alle mit dem Tod zusammenhängenden Trennungserfahrungen für viele Menschen unerträglich. Diese Folgen des Glaubensverlustes werden nicht zu Unrecht als wichtige Wurzeln für das Anwachsen der esoterischen Bewegung in den westlichen Industriestaaten angesehen. In der kosmischen Verschmelzung werden vor allem die traumatischen Trennungserfahrungen des Todes aufgehoben.

Zu den nicht zu unterschätzenden Verlusten in der Lebensmitte gehören auch die Trennungen von alten Freunden, die sich in dieser Zeit häufen. Durch unterschiedliche Lebensentwicklungen und geistige Orientierungen kann es zu einer Entfremdung kommen, für die keiner verantwortlich ist. Da jedoch lange Freundschaften ein wichtiger Bestandteil der eigenen Identität und sozialen Zusammengehörigkeit bilden, können solche Verluste sehr schmerzhaft sein und werden oftmals bis zum Lebensende nicht überwunden.

Die letzte Lebensperiode, das Alter, bringt vor allem das Ende des Berufs und die Vorbereitung auf die schwerste aller Trennungen, den Tod. Das Alter und der Tod als die mythischen Zeichen für den großen Abschied unterliegen beim einzelnen wie im Kollektiv bei uns, anders als es für die Kultur in Bali beschrieben wurde, einem zentralen Tabu. Es erklärt sich daraus, daß die archetypische Erfahrung von Trennung hier zum letztenmal und in einer lebensgeschichtlichen Verdichtung erscheint. Da Trennung in unserer abendländischen Kultur immer mit etwas Endgültigem, Definitivem – mit dem Ende verbunden gedacht wird und nicht, wie zum Beispiel in der östlichen Philosophie und Religion oder im vorsokratischen Denken der Griechen, als Anfang, sind Trennung und Trauma in unserer Vorstellungs- und Gefühlswelt so eng verschwistert. Das Leben als einen Strom des ständigen Vergehens und Entstehens aufzufassen, wie es Heraklit im 6. Jahrhundert v. Chr. beschrieben hat, wäre dagegen eine wichtige Hilfe, sich mit den archetypischen, das Leben begleitenden Trennungserfahrungen zu versöhnen. Hierin läge auch eine positive Voraussetzung, das Trennungsdrama durch einen Partnerverlust in milderer Form zu verarbeiten.

Die Trennungsangst

Die Versöhnung mit den lebensgeschichtlichen Trennungserfahrungen und speziell mit dem Trennungsdrama nach Partnerverlust setzt ein tiefes Verständnis über das Wesen der Trennung voraus. Nach der Beschreibung ihrer archetypischen Bedeutung möchte ich im folgenden einen weiteren wesentlichen Aspekt darstellen, die Trennungsangst. Da sie im Vorfeld der meisten Trennungen und Scheidungen auftritt, lohnt es sich, sie etwas gründlicher zu betrachten.

In Anlehnung an die Theorie Otto Ranks über das Trauma der Geburt entwickelte Freud in seiner Schrift »Hemmung, Symptom und Angst« die Vorstellung, das erste Angsterlebnis des Menschen sei die Geburt, da sie mit der Trennung von der Mutter verbunden sei. Er bezeichnete daher diese Trennungsangst als die »ursprünglichste Angst«, als die »Urangst« der Geburt. Er war aber über diese Hypothese unsicher, denn er nennt zwei widersprechende Beobachtungen: erstens sei die Angstbereitschaft des Säuglings nicht unmittelbar nach der Geburt am stärksten, sondern »tritt erst später mit dem Fortschritt der seelischen Entwicklung hervor»[6]; zweitens weist er darauf hin, »daß uns die Affektreaktionen auf eine Trennung bekannt sind, und daß wir sie als Schmerz und Trauer, nicht als Angst empfinden.«[7]

Diese Einschränkungen verweisen auf den wichtigen Unterschied zwischen Trennungsangst und Trennungsschmerz, der oft verwechselt oder gleichbedeutend benutzt wird. Nach einer logischen Definition bezeichnet die Trennungsangst ein Gefühl, das vor dem endgültigen Ereignis der Trennung auftritt, während der Trennungsschmerz danach einsetzt. Der Säugling dürfte daher keine Trennungsangst vor der Geburt entwickeln, da er die Trennung von der Mutter noch nicht erlebt hat. Was er erleidet, ist der Trennungsschmerz nach der Geburt. Alle später auftretenden Trennungsängste antizipieren ein Ereignis, bei dem sich die einschneidende Erfahrung der Trennung bei der Geburt wiederholen könnte.

Ein anschauliches Beispiel für die chakteristischen Eigenschaften der Trennungsangst erlebte ich in einigen Beratungsgesprächen mit einem Ehepaar, das mich aufsuchte, weil seit längerer Zeit in ihrer Beziehung »etwas nicht mehr stimmte«. Die beiden waren seit acht Jahren verheiratet und hatten einen fünfjährigen Sohn. Der Mann warf seiner Frau vor, daß sie sich immer mehr zurückzog, ihn oft kalt stehenließ, sexuell abgekühlt sei und sich immer mehr in ihre frauenorientierten Freizeitinteressen stürze. Sie beklagte sich ihrerseits, daß er oft herummaule, sie ständig kritisiere, sich zu wenig um den Sohn kümmere und sein beruflicher Ehrgeiz ihm wichtiger sei als die Familie. Beide hatten sich in den wechselseitigen Vorwürfen so verhakt und sie in vielfältigen Variationen und mit heftigem Streit so oft durchgespielt, daß sie inzwischen resignierten und den unfruchtbaren Dialog einstellten.

Als Therapeut hat man verschiedene Möglichkeiten, mit einer solchen Konfliktsituation umzugehen. Man kann die Lebensgeschichte jedes einzelnen bis in die Kindheit zurückverfolgen, um die Probleme und Unzufriedenheiten, die jeder mit sich selbst und dem Partner hat, besser zu verstehen. Dabei kann man die wechselseitigen Erwartungen und Ansprüche an den anderen einbeziehen, die am Beginn der Beziehung standen, und klären, wie sich diese im Laufe der Zeit verändert haben. Wichtig wären auch die Bindungen beider Partner an die Herkunftsfamilie, weil sie etwas über die unbewußten Übertragungen und die daraus entstehenden Konflikte aussagen. Als Übertragung bezeichnet man einen Mechanismus, mit dem jeder Mensch dazu tendiert, die Erfahrungen, die er als Kind mit seinen Eltern und Geschwistern gemacht hat, später auf nahestehende Personen zu übertragen. So enthalten die auf eine Frau gerichteten Wünsche und Phantasien, aber auch die Enttäuschungen des Mannes oft die unverkennbaren Spuren seiner verinnerlichten Mutterbilder; und umgekehrt überträgt die Frau solche ihres Vaters auf den Mann.

In der geschilderten Beratungssituation kann man aber auch verschiedene Modelle anwenden, wie sie die Familientheorie und -therapie entwickelt hat, so das Kollusionsmodell von Jürg Willi, wonach jedes Paar eine seiner inneren Struktur entsprechende Verbindung eingeht, die eine unbewußte Verständigung über die zentralen und sich ergänzenden Bedürfnisse jedes einzelnen enthält; oder das Modell der Systemtherapie, wonach die Kommunikationsstruktur im System der Familie und der Paarbeziehung in bestimmter Weise festgelegt ist. Nach diesem Ansatz lassen sich pathologische Strukturen durch paradoxe Umkehrungen und durch die Verschreibung neuer Verhaltensmuster auflösen.

Ich skizziere die verschiedenen und längst nicht vollständigen Therapieansätze an dieser Stelle, um anzudeuten, wieviel wissenschaftliche und praktische Mühe bisher aufgewandt wurde, um die komplexe Struktur menschlicher Beziehungen besser zu verstehen und therapeutisch zu beeinflussen. Andererseits sind die Therapieerfahrungen, gleich welcher Richtung, besonders in fortgeschrittenen Stadien von Familienkrisen und in der Trennungsphase wenig ermutigend. Diese Tatsache belegt bei der heutigen Verbreitung von Scheidungen und ihren oftmals so dramatischen Folgen nochmals die Notwendigkeit kollektiver Veränderungen.

In der beschriebenen Paarberatung habe ich keines der genannten Therapiemodelle angewandt. Der Verzicht darauf wurde mir allerdings durch die Frau erleichtert, die auf meine Frage, was das Schlimmste in der jetzigen Situation für sie sei, antwortete: »Meine Angst, daß mein Mann mich verläßt.« Ausgehend von dieser Trennungsangst ließ sich nun folgendes leicht klären: Etwa seit einem Jahr vor der Beratung stand der Mann unter einem erheblichen beruflichen Streß, der durch Umstellungsprozesse in seiner Firma und durch Beförderungsfragen ausgelöst wurde. In diesem Zusammenhang hatte er einige Enttäuschungen zu verarbeiten, die wegen seines Ehrgeizes zu einer wachsenden Unzufriedenheit mit sich selbst und der Berufssituation führten. Da er seine Unzufriedenheit jedoch an seinem Arbeitsplatz nicht zeigen konnte, um seine Aufstiegschancen nicht zu gefährden, und er andererseits nicht mit seiner Frau darüber sprach, weil er sich von ihr in seinen Berufsplänen unverstanden fühlte, übertrug er die Spannungen immer stärker auf die Familie. Solche Situationen hatte es früher schon öfter gegeben, zumal der Mann offenbar in seinen Beziehungen zu stärkeren Ambivalenzen neigte, deren negative Anteile in Streßzeiten stärker hervortraten. Wie wir wissen, gehören solche Ambivalenzen, d.h. das gleichzeitige Vorhandensein von positiven und negativen Gefühlen einem anderen Menschen gegenüber, bis zu einem gewissen Grad zu jeder normalen Partnerschaft. Sie bilden sich bereits in der frühen Beziehung des Kindes zu seinen Eltern aus; diese werden wegen ihrer beschützenden und versorgenden Funktion einerseits geliebt, aber zugleich wegen der eigenen Autonomie- und Befreiungswünsche als verbietende und einengende Instanzen erlebt, von denen sich das Kind durch Trotz und Wut abgrenzen muß.

Entscheidend für die Beziehung im Erwachsenenalter ist die Kenntnis solcher normalen Ambivalenzen bei sich selbst und beim Partner und die daraus wachsende Toleranz, sie für beide zu akzeptieren. Nur positive Gefühle für den anderen hegen zu wollen oder von ihm zu erwarten, würde einer Illusion über die psychische Realität entsprechen. Aus

Unkenntnis und Verleugnung von Ambivalenzen können schwerwiegende Mißverständnisse und viel Leid entstehen.

So deutete auch die Frau in unserem Beratungsbeispiel das Verhalten ihres Mannes um, überbewertete seine Reaktionen und bezog sie ausschließlich auf sich. Schließlich war sie überzeugt, daß er sie nicht mehr liebe. Daraus entwikkelte sich die panische Befürchtung, er könne sie verlassen. Verstärkend kam in diesem Zeitraum der Tod ihrer Mutter hinzu, der die Trennungsangst akut steigerte. Ihr emotioneller und sexueller Rückzug und die Betonung ihrer mit Frauen organisierten Freizeit waren Demonstrationen ihrer Unabhängigkeit nach innen und außen, um sich vor der Trennungsangst zu schützen. So war der Zirkel schnell hergestellt, denn der Mann betrachtete ihre Veränderungen ebenfalls als gegen sich gerichtet, wodurch seine Unzufriedenheit und Kritik weiter zunahmen.

Die Reaktionen beider Eheleute fielen in den Rahmen normaler Verhaltensweisen, und der entstandene Zirkel war durchsichtig und leicht aufzulösen. Warum, muß man sich fragen, konnten sie das Problem nicht gemeinsam lösen?

Der Mann war zutiefst erschrocken, als er jetzt endlich in dem gemeinsamen Gespräch die Gründe für das Verhalten seiner Frau erfuhr: »Aber ich liebe dich, ich habe dich immer geliebt«, sagte er fast verzweifelt und entschuldigte sich bei ihr. Als der Frau die Zusammenhänge klar wurden, lachte sie erleichtert auf: »Es ist doch wirklich eine Komödie, was Menschen miteinander aufführen; aber das Komischste ist, daß sie sie selbst für eine Tragödie halten!« Sie konnten den Zirkel nicht selbst auflösen, weil sie zu wenig über sich und über den anderen wußten. Die fachliche Beratung wäre hier unnötig gewesen, wenn beide über grundlegende Tatsachen menschlichen Erlebens und Verhaltens mehr gewußt und außerdem gelernt hätten, im Konfliktfall den Dialog nicht einzustellen, sondern ihn gerade dann mit größter Offenheit zu suchen.

Das Fallbeispiel zeigt, daß die Trennungsangst als archetypische Erfahrung jederzeit aus ihrer Verdrängung gelöst werden kann. Das ist ein normaler Vorgang. Gefährlich wird sie erst dann, wenn ihr Signalcharakter nicht erkannt und ernst genommen wird. Ohne Beratung hätten sich im vorliegenden Fall die Zirkel aus Reaktionen und Gegenreaktionen, aus Mißverständnissen, Wut und wechselseitiger Kränkung vielleicht so hochgeschraubt, daß es bald zur Trennung gekommen wäre.

Wegen ihrer grundsätzlichen Bedeutung im Trennungsdrama erscheint es mir angebracht, einige Bemerkungen über den allgemeinen Charakter der Angst zu ergänzen. Viele Ängste sind Ausdruck eines Signals für innere oder äußere Bedrohungen. Innere Bedrohungen manifestieren sich als Triebangst, als Gewissensangst und als narzißtische Angst. Eine Triebangst ensteht zum Beispiel durch einen starken, unbewußt andrängenden aggressiven Impuls, dessen Entladung nach außen für das Individuum mit einer großen Gefahr verbunden wäre und der deswegen durch die Angst gebremst wird.

Die Gewissensangst verhindert die Übertretung eines Verbots und dient der Vermeidung quälender Schuldgefühle.

Die narzißtische Angst schließlich drückt die Bedrohung der Selbstwertregulation und des narzißtischen Gleichgewichts aus; durch sie werden Handlungen unterbunden, die das Subjekt starken Gefühlen von Scham, Schande, Lächerlichkeit und Wertlosigkeit preisgeben würden.

Die Signalangst bei einer äußeren Bedrohung versetzt das Individuum in die Lage, rechtzeitig auf die Gefahr zu reagieren. Aus der Tierverhaltensforschung sind vor allem drei Reaktionen bekannt: der Gegenangriff, die Flucht und der Totstellreflex.

Und beim Menschen? Leider werden wir sehen, daß er sich sehr häufig auch noch dieser atavistischen Mechanismen bedient, obwohl sie für ihn nur in Not- und Ausnahmesituationen lebenswichtig wären. Eigentlich verfügt der Mensch durch seine spezifischen Neuerwerbungen wie die Sprache und seine hohe Intelligenz im Vergleich zum Tier über die Möglichkeit, Gefahren – das sind für ihn vor allem Konflikte im zwischenmenschlichen Bereich – durch eine reife Form der sprachlichen Auseinandersetzung zu lösen.

Die Trennungsangst ist eine zusammengesetzte Angst. Sie ist sowohl ein Signal für die innere Bedrohung des narzißtischen Gleichgewichts als auch für die äußere Bedrohung durch Verlassenwerden. Beide Bedrohungen verstärken sich wechselseitig. Die Formel für die innere Bedrohung heißt: »Ich bin nicht wert, daß er/sie bei mir bleibt.« Die Formel für die äußere Bedrohung lautet: »Du bist nicht wert, daß ich bei dir bleibe.« Dabei verstärkt die äußere Entwertung die innere Selbst-Entwertung. Während ein in seinem Selbstwertgefühl relativ sicherer Mensch sich durch äußere Entwertung kaum ernsthaft in Frage stellen läßt, kann man umgekehrt häufig beobachten, daß ein Mensch, der sich mit ständigen Selbstzweifeln plagt und sich abwertet, die Trennungstendenzen beim anderen geradezu provoziert. In diesem Fall bedingt die innere Selbstentwertung die äußere Trennung mit; dies trifft vor allem dann zu, wenn der andere an einer gleichberechtigten und selbstsicheren Beziehung interessiert ist.

Die Überlegungen mögen etwas theoretisch klingen; für die Praxis sind sie jedoch von großer Bedeutung. Denn tatsächlich spielen sich im Vorfeld von Trennungen häufig solche von beiden Partnern meist unerkannten Reaktionen ab. Keine menschliche Beziehung ist so unverbrüchlich, daß man mit Sicherheit von ihrer Dauer ausgehen kann. Ein gesunder Zweifel ist daher in jede Partnerschaft einprogrammiert. Ihn zu leugnen entspricht, wie an früherer Stelle beschrieben, einer Illusion, die eine Risikofreiheit vortäuschen soll. In diesem Fall muß es zur Katastrophe kommen, wenn man durch eine plötzliche Trennung scheinbar unvorbereitet mit einer nie vorgestellten Situation konfrontiert wird. »Scheinbar unvorbereitet« meint, daß eigentlich keine Trennung ohne Vorzeichen erfolgt. Wie wichtig es daher ist, die Signale rechtzeitig wahrzunehmen, soll ein zweites Beispiel verdeutlichen.

Ein seit vielen Jahren glücklich verheiratetes Paar mit zwei kleinen Kindern inszeniert mit auffallender Häufigkeit in Anwesenheit anderer folgendes Spiel, das sich meist aus dem Gespräch über Trennungen oder Scheidungen von befreundeten Paaren ergibt: Er eröffnet den Dialog mit seiner Frau mit der etwas selbstironischen und vieldeutig lachenden Bemerkung: »Na ja, soweit sind wir ja noch nicht!«

Sie, etwas mißmutig mitspielend: »Du meinst, wir könnten dahin kommen?«

Er: »Man weiß doch nie; es trennen sich so viele Leute.«

Sie: »Dann laß es mich rechtzeitig wissen.«

Er – der scherzende Ton läßt nach –: »Auf jeden Fall würde ich diesmal die Kinder nehmen; es ist schrecklich, was Mütter mit Kindern anstellen!«

Sie – den Konflikt lachend vor den Anwesenden herunterspielend –: »Das können wir ja abwarten.«

Er – ernster und entschiedener werdend – : »Da gibt es gar nichts abzuwarten, das steht für mich fest.«

Sie – nun ihrerseits ärgerlich – : »Ich werde die Kinder niemals weggeben!«

An dieser Stelle bricht das Gespräch meist ab, weil es einem der Anwesenden so unbehaglich wird, daß er mit einer begütigenden Bemerkung das Spiel unterbricht.

Die beiden lieben sich. Für den Mann ist es die zweite Ehe. Die zwei aus der ersten Ehe stammenden Töchter haben ihm durch ihre Entwicklung viel Sorgen bereitet. Die Frau hat eine vaterlose Kindheit mit einer häufig abwesenden Mutter erlebt. Heute vermeidet sie nach Möglichkeit längere, über mehrere Tage reichende Trennungen von ihrer Familie und besonders von ihren Kindern.

Ihr Spiel sagt weniger über die Konflikte aus, die im Rahmen ihrer langjährigen Ehe normal sind. Vielmehr spiegeln sich darin ihre Trennungsängste, die sie sich selbst und dem Partner nicht eingestehen können. In dem Dialog wird die Trennung zunächst als eine von außen kommende mögliche Gefahr dargestellt, für die bisher jedoch kein realer Anlaß besteht. Das ironische Spiel scheint daher eher die Funktion einer magischen Beschwörung zu haben. Eine nicht ungefährliche Dimension bekommt es erst an der Stelle, wo es ins Persönliche umschlägt – in den Streit um die Kinder. Weder er noch sie können sich an diesem Punkt ihre Ängste mitteilen, wodurch die Gefahr sofort gebannt würde; sie schüren statt dessen ungewollt den Trennungskonflikt, indem sie dem Partner auch die Trennung von den Kindern androhen. Dabei dient beiden das Festhalten an den Kindern als Schutzschild gegen den totalen Trennungsverlust.

Wie am Beispiel aus der Paarberatung wird auch hier die verhängnisvolle Spirale im Vorfeld einer möglichen Trennung deutlich, zu der sich eine abgewehrte Trennungsangst hochschaukeln kann. In beiden Fällen entspricht der Mechanismus, mit dem auf die innere und äußere Gefahr reagiert wird, einem Angriff bzw. einem Gegenangriff.

Ihre mildeste Form im menschlichen Verhalten bezeichnen wir als Streit. Seine Variationsbreite reicht vom streitsüchtigen, kampfeslustigen und starrsinnigen Bestreiten und Abstreiten über Kritik, Vorwurf, Anschuldigung und Verdächtigung bis zur Beschimpfung und beleidigenden Herabsetzung. Diese Formen des Streits ersetzen den Meinungsaustausch, das klärende Gespräch und die Auseinandersetzung, die zur konstruktiven Erhaltung der gemeinsamen Basis notwendig wären. Statt dessen enthalten sie in der Regel ein unverkennbar destruktives Element, das die Zerstörung der Basis zur Folge haben kann. Tragischerweise. Denn meistens verbirgt sich hinter dem Streit keine beabsichtigte Bösartigkeit, sondern er erfolgt aus Hilflosigkeit und als Abwehrreaktion gegen reale oder vermeintliche Bedrohungen. Trennungsängste bilden sehr häufig den unbewußten Hintergrund für solche Gefühle der Bedrohung und für die aggressive Gegenwehr. Entsprechend kann die Zunahme von Streitigkeiten in einer Beziehung oft als Signal für wachsende Trennungsängste des einen oder beider Partner verstanden werden.

Aber Angriff und Gegenangriff bei einem drohenden Trennungsverlust bleiben nicht auf den verbalen Streit beschränkt, sondern können sich bis zur körperlichen Gewalt steigern. Aus der Frauenforschung ist bekannt, daß die Gewalt gegen Frauen ihre Ursache häufig in der verzweifelten Abwehr von Trennungsängsten der Männer hat.

Von der panischen Angst, verlassen zu werden, sind jedoch häufig auch Kinder betroffen. Ohne daß die Eltern den Zusammenhang erkennen, führt ihre innere Angstspannung zur Gewaltentladung gegenüber dem Kind, wobei diesem oftmals bewußt oder unbewußt die Schuld an der befürchteten Trennung zugeschoben wird.

Eine Verzweiflungstat aus Trennungsangst schilderte die Berliner Ausgabe der Bild-Zeitung vom 24.7.1990. Auf der Titelseite mit der Überschrift in Großlettern »Vater verbrennt sein Baby im Wald« heißt es u.a.: »Weil seine Freundin ihn verlassen wollte, nahm der Vater ihr aus Rache das Liebste, das sie hatte – das gemeinsame Baby. Er legte das Kind auf einen kleinen Scheiterhaufen am Waldrand, überschüttete es mit Benzin und zündete es an. Die sieben Monate alte Tochter verbrannte bei lebendigem Leibe.«[8] Wie dem Bericht weiter zu entnehmen ist, handelt es sich bei dem Vater um einen 22jährigen, bis zu diesem Zeitpunkt unauffälligen, in seinem sozialen Umfeld beliebten und akzeptierten Arbeiter in den VW-Werken, der seine »Püppi« sehr liebte.

Das archaische Kindesopfer erfolgt hier nach dem Gesetz des Talion: »Wenn du mir das Liebste nimmst, indem du dich von mir trennst, nehme ich dir dein Liebstes.« Die Trennungsangst – die beiden hatten sich laut Bericht bisher nicht getrennt – enthüllt in dieser Tragödie ihre extreme und potentiell lebenszerstörende Tragweite.

Neben dem Streit als Ausdruck von Angriff und Gegenangriff findet man beim Menschen als Abwehr von Trennungsängsten auch die im Tierreich bekannten Reaktionen von Flucht und Totstellreflex. Der verbreitetste Fluchtmechanismus besteht in einer Kombination von äußerem und innerem Rückzug. Die Frau aus der Paarberatung lieferte hierfür ein anschauliches Beispiel. Die äußere Flucht ist erfinderisch. Wir kennen sie als Flucht zum Fernseher, in den Alkohol, in die Arbeit, ins andere Schlafzimmer, als Flucht ins sexuelle Abenteuer, zu Freunden, zum Jogging und zu vielen anderen Möglichkeiten der Vermeidung von Konflikten und der Ersatzbefriedigung. Die innere Flucht besteht besonders im Gesprächsabbruch, in der Aufkündigung der Kooperation und in der Unberührbarkeit und Kälte bis zur sexuellen Verweigerung. Die damit verbundene Gefühlsverdrängung und Einsamkeit ähneln einem Totstellreflex, für den Formulierungen wie »Ich fühle mich innerlich kalt und leer – wie tot« charakteristisch sind.

Die dramatischste Form des inneren und äußeren Rückzugs stellen Selbstmordversuche und Selbstmorde dar, die nicht selten das letzte Mittel sind, der unerträglichen Trennungsangst zu entgehen.

Eine besondere Form der Flucht aus Trennungsangst ist das prophylaktische Verlassen des Partners nach dem Motto: »Wenn ich selbst die Initiative ergreife, muß ich nicht mehr fürchten, selbst verlassen zu werden.« Tatsächlich kann die Trennungsangst ein solches Ausmaß erreichen, daß der eigene Entschluß zur Trennung, meist mit der Rückversicherung durch einen neuen Partner, als einziger Weg erscheint, die gefürchtete Trennung vorwegzunehmen und die Angst davor zu bewältigen.

Auch dieser Prozeß läuft in der Regel unbewußt ab. Beide Partner erkennen nicht die Hintergründe und was sie selbst dazu beigesteuert haben. Völlig fassungslos stehen sie dann vor dem, »was passiert ist«. Das Gespräch, der Austausch ihrer heimlichen Ängste hätte vielfach eine neue Begegnung und Nähe herstellen und die entstandenen Zirkel aus Angriff, Gegenangriff, Flucht und Totstellreflex vermeiden können. Solange wir aber vorwiegend diese im Tierreich sinnvollen, für den Menschen dagegen oft zum Verhängnis werdenden Abwehrreaktionen gegen eine Bedrohung benutzen, werden wir die Folgen von Trennungen zu durchleiden haben.

In einer Zeit des Umbruchs und der Umgestaltung von Familie und Partnerschaft hat die Trennungsangst einen neuen Stellenwert bekommen. Mit der wachsenden Zahl der Trennungen, so ist zu vermuten, nimmt auch die Trennungsangst zu. Die grundsätzliche Verunsicherung über die Stabilität von Beziehungen und der Aufbruch vieler Menschen zu alternativen Lebensformen erfaßt alle. Es ist wie ein Lavastrom, dessen Hitze noch in großer Entfernung spürbar ist. Wer weiß schon, welche Richtung er bei der nächsten Eruption nehmen wird? Damit werden die archetypischen und lebensgeschichtlich erworbenen Trennungsängste aus ihrer Verdrängung gelöst.

Zahlreiche Hinweise in der Literatur und viele persönliche und berufliche Erfahrungen legen für mich den Verdacht nahe, daß der anwachsende Pegel an Trennungsängsten als inzwischen verbreitetes kulturelles Phänomen ursächlich für viele Trennungen und Scheidungen verantwortlich ist. Besonders bei Frauen scheinen sie häufig die Entscheidung mitzubestimmen, dauerhaft oder über längere Zeiträume ohne Partner leben zu wollen. Viele alleinerziehende Mütter mit ehelichen oder nichtehelichen Kindern greifen nach mehreren verletzenden Erfahrungen mit Männern, besonders mit deren Untreue, zu der Enttäuschungsprophylaxe nach der Formel: »Ich lebe lieber alleine, als unter der ständigen Angst zu leiden, wieder und wieder verlassen zu werden.« Der Fluchtmechanismus stellt hierbei ein wesentliches Element der Trennungsdynamik dar – mit all den seelischen Folgen, die der Verzicht auf eine lebendige Partnerschaft bedeutet. Das Schicksal dieser Frauen, ihrer Kinder und der weiteren zwischenmenschlichen Beziehungen scheint mir durch diese Verarmung dann besonders belastet, wenn der Entschluß zum Alleineleben durch ideologische Argumente verfestigt wird, wie sie in der Frauenbewegung heute leider immer noch verbreitet sind. »Der Haß der Frauen auf die Männer« – sagte mir kürzlich eine Frau, die sich entschieden hatte, mit ihren zwei Kindern für immer alleine zu leben – »reicht Jahrhunderte tief. Wie können Männer annehmen, selbst wenn sich das Patriarchat gelockert hat, daß dieser Haß schon überwunden sei? Es ist einfach noch nicht die Zeit, in der Beziehung zwischen Frauen und Männern wieder möglich ist.«

Wenn schon die Basis von Beziehungen durch solche Überzeugungen zusätzlich zerstört wird, wie soll man dann hoffen, daß sich die Trennungsangst überwinden läßt?

Zum Glück widerspricht solchen düsteren Prognosen die große Zahl von Menschen, die inzwischen eine höhere Trennungstoleranz entwickelt haben. Sie müssen nicht an einer überlebten Ehe oder Partnerschaft festhalten oder in eine neue fliehen, um die Trennungsangst unter Kontrolle zu bringen; ihre neugewonnene innere Stabilität läßt sie notwendige Trennungen besser ertragen und verarbeiten. Am besten ablesbar wird diese Fähigkeit in der Fairneß, Freundschaft und Versöhnungsbereitschaft, mit denen die Ablösung vom Partner erfolgt.

Aber um auf einer breiten Basis zu einem reiferen Umgang mit der Trennungsangst zu gelangen, scheint es mir notwendig, die seelischen und psychosozialen Folgen einer Trennung besser zu verstehen.

Die Phasen der Trennung

Der Protest

Eines Tages ist sie oder er gegangen, an einem Morgen, einem Mittag oder in der Nacht, nur mit einer Tasche oder einem Koffer – das andere kommt später. Es ist der Tag, der das Leben verändert. Was an diesem Tag folgt und am nächsten Tag, in den nächsten Wochen, Monaten und Jahren, das kann nur der ermessen, der die Fegefeuer durchlitten hat.

Manche Menschen sind stolz darauf, noch nie in ihrem Leben verlassen worden zu sein. Warum waren immer sie diejenigen, die gegangen sind? Schlimmer sind die dran, die nur verlassen wurden. Beides ist ungerecht. Aus beiden Erfahrungen entsteht Selbstgerechtigkeit. Gerechter ist es, wenn jemanden der Schmerz, den er einem anderen zugefügt hat, auch selber trifft. Erst da beginnt die Einfühlung, die Verarbeitung einer Schuld – und die Bereitschaft zur Versöhnung. Ohne die doppelte Erfahrung wäre dieses Buch nicht entstanden; ihr verdankt es seine Motivation und Rechtfertigung.

Aber das Trennungsdrama immer und immer wieder nur zu beschreiben reicht nicht. Man muß es verstehen. Vielleicht läßt es sich dann eher vermeiden oder doch wenigstens lindern.

Ich beginne hier wieder am Anfang; nicht bei der Geburt, aber bei den Trennungserfahrungen von Kleinkindern. Sie helfen uns, das Phänomen umfassender zu begreifen. Die zahlreich vorliegenden Untersuchungen dazu wurden vor allem in Amerika, der Schweiz, England und Deutschland nach dem Zweiten Weltkrieg durch Programme der Vereinten Nationen und der Weltgesundheitsorganisation angeregt. Ihr Ziel war die bessere Versorgung von Kindern, die durch den Krieg elternlos geworden waren oder von den Eltern längere Zeit getrennt lebten. Das betraf besonders Kinder, die in den ersten drei Lebensjahren durch Krankenhaus-, Heim- oder Waisenhausaufenthalt für einen langen Zeitraum elterliche Fürsorge entbehrten. Am bekanntesten wurden die Untersuchungen der Kinderanalytiker René Spitz und John Bowlby. Nach den Beobachtungen von Bowlby lassen sich die Reaktionen des Kindes nach der Trennung von der Mutter in drei Phasen einteilen: Protest, Verzweiflung und Gleichgültigkeit. Ich zitiere hier seine anschauliche Beschreibung, weil, wie wir sehen werden, viele Erscheinungen, die er schildert, dem Verhalten eines Erwachsenen nach einer Trennung ähneln. Die Phasen bekommen somit einen Modellcharakter, der das Wesen der Trennung in seiner grundsätzlichen Bedeutung erhellt:

»Die Initialphase, diejenige des *Protestes*, kann einige Stunden bis eine Woche und länger dauern. In dieser Phase ist das kleine Kind akut darüber beunruhigt, seine Mutter verloren zu haben, und sucht sie mit all seinen beschränkten Kräften wiederzugewinnen. Es weint oft laut, rüttelt an seinem Bettchen, wirft sich herum und schaut begierig nach jeder Erscheinung und jedem Geräusch, ob sie sich als die fehlende Mutter erweisen. Sein ganzes Benehmen läßt die sichere Erwartung durchblicken, daß sie zurückkehren werde... Während der Phase der *Verzweiflung*, die allmählich den Protest ablöst, ist die Präokkupation (intensive Beschäftigung, H.P.) des Kindes mit der fehlenden Mutter weiterhin augenfällig, obwohl sein Verhalten wachsende Hoffnungslosigkeit ahnen läßt. Die aktiven Körperbewegungen nehmen ab oder verschwinden, und das Kind weint häufig monoton oder periodisch. Es ist in sich gekehrt und apathisch. Die Phase der *Gleichgültigkeit*... Wenn die Mutter zu Besuch kommt, wird ersichtlich, daß etwas nicht stimmt. Denn das Benehmen, das für dieses Alter entsprechend der normalerweise starken Bindung charakteristisch ist, fehlt völlig. Weit davon entfernt, seine Mutter zu begrüßen, scheint das Kind sie kaum zu kennen. Weit davon entfernt, sich an sie anzuschmiegen, bleibt es in der Distanz und apathisch. Statt zu weinen, wendet es sich lautlos weg. Es ist, als ob das Kind jedes Interesse an der Mutter verloren hätte.«[9]

Ich ergänze hier noch die lebendige Beschreibung der Schweizer Kinderforscher Meierhofer und Keller, die die erste und zweite Trennungsphase von Bowlby als »akutes Verlassenheitssyndrom« bezeichnen: »Eine psychomotorische Unruhe verbunden mit Schreien steigert sich, besonders vor den Mahlzeiten, zu eigentlichen Erregungszuständen, die nur durch kurze Pausen erschöpften Innehaltens unterbrochen werden...«[10]

Die dritte Phase von Bowlby nennen sie das »chronische Verlassenheitssyndrom«, für das René Spitz den Ausdruck »Hospitalismus« geprägt hat:

»Nachlassen der Protestaktionen, wobei das zornige Weinen in ein Wimmern, Jammern und gelegentliches Aufschreien übergehen kann; Verstärkung der autoerotischen Betätigungen; Auftreten von stereotypen Bewegungsformen und anderen Symptomen... Aber bereits am Ende des 1. Lebenshalbjahres und später um so deutlicher treten auch Formen der Kontaktlosigkeit und des Rückzugs in sich selbst auf. Es kommt zu dem uns nun längst bekannten Prozeß der Resignation, bei dem der Antrieb gelähmt und die Aktivität gehemmt wird.«[11]

Bowlby erklärt die Schwere der Trennungsreaktionen aus der Art der Mutter-Kind-Beziehung. Diese sei nicht nur aus dem Elementarbedürfnis des Hungers und aus den Sekundärbedürfnissen nach Schutz, Geborgenheit und mütterlicher Wärme erklärbar; vielmehr beruhe die tiefe Verbundenheit auch auf einem System instinktgebundenen Verhaltens. Beispiele dafür sind allen Eltern bekannt: das reflexhafte Sich-Anklammern des Kindes, sein Schreien und sein reflexhaftes Nachlaufen besonders im zweiten und dritten Lebensjahr, wenn die Mutter sich auch nur kurze Strecken entfernt. Diese instinktmäßige Bindung löse im Fall einer Trennung eine reflexhafte Angst, die Trennungsangst, aus. In ihr wird die erste Trennung, das Geburtstrauma, durch das Instinktsystem neu aktiviert.

Wir treffen hier noch einmal von einem erweiterten Blickwinkel aus auf das, was wir eingangs die archetypische Trennungserfahrung genannt haben. Es ist daher nicht überraschend, wenn Bowlby stärkere Trennungsängste bei Kindern und auch Erwachsenen nicht nur auf häufige Trennungserfahrungen zurückführt, sondern »deren allgemeine Verbreitung in geringerem Ausmaß im Alltagsleben von uns allen«[12] feststellt. Ein schweres Trennungstrauma, wie es jede Scheidung darstellt, läßt sich also unschwer mit der tiefen emotionalen und instinktmäßigen Beziehung zur Mutter in Verbindung bringen.

Die hier und in den folgenden Kapiteln beschriebenen Trennungsphasen wählen Bowlbys Modell, wenn auch mit gewissen Abweichungen, als Grundlage. Natürlich haben alle solche Modelle wegen ihrer Überschneidungen und Varianten etwas Künstliches; sie können aber dazu dienen, das oft unverständliche und scheinbar undurchschaubare Verhalten eines Menschen besser zu verstehen.

Die Protestphase beim Erwachsenen ist die dramatischste Phase nach einer Trennung und kann sich über Wochen bis Monate hinziehen. In ihr werden unverkennbar kindliche Verhaltensmuster neu belebt, wie sie nach dem Verlust der Mutter auftreten. Zu ihnen gehören Schreien, Toben, lautes

Heulen, Brüllen, Beschimpfen, das Einschlagen auf Tische und Türen, das Zerschmeißen von Geschirr, das Zerreißen von Wäsche, das Einstechen auf Betten, unruhiges Herumlaufen und Herumirren, die Zerstörung von Eigentum des anderen und vieles andere. Die gesamte Körpermotorik, der Muskelapparat als Träger von Aggression und Widerstand, von Angriff und Gegenangriff gerät in höchste Alarmbereitschaft. Es ist eine wilde Entfesselung von Trotz, Wut, Haß und Vergeltung, um sich dem Trauma der Trennung entgegenzustemmen. Und doch drückt noch die größte Heftigkeit den verzweifelten Appell aus: »Komm wieder!« Man hört und lauscht auf jedes Geräusch, auf jeden Ton, jedes Telefon, jeden rasselnden Schlüssel, erwartet mit Ungeduld den Briefträger – es kann nicht sein, es darf nicht sein, es war ein Irrtum, gleich kommt er/sie zurück.

Der Kampf ist auch eine Auflehnung gegen die Gefühle absoluter Hilflosigkeit und Ohnmacht, in die man durch das Alleinsein stürzt. Aus der Streßforschung wissen wir, daß diese spezifischen Gefühle einen hohen Grad an Streßbelastung bedeuten, zu deren Bewältigung große Energiereserven mobilisiert werden.

Trennung stellt immer ein schweres narzißtisches Trauma dar, die Verletzung des Selbstgefühls durch den Verlust des schützenden anderen, wie damals, als die Geburt die Einheit mit der Mutter zerbrach, oder wie später, wenn sie wegging und man noch zu schwach war, das Alleinsein zu ertragen. Die narzißtische Wut dient in erster Linie dazu, die Kränkung ungeschehen zu machen und die Einheit wiederherzustellen. Es ist daher einleuchtend, daß sie um so wilder aufflammt, je mehr der Partner narzißtische Funktionen hatte, d.h. je mehr er dazu diente, die frühe Symbiose mit der Mutter zu ersetzen. Dieser Hinweis soll jedoch nicht den Verdacht erwecken, jeder Protest sei »übertrieben«, »anormal« und »neurotisch«. So heftig er auch sein mag, wäre viel gewonnen, wenn man ihn zunächst als eine normale Notfallreaktion auf ein schweres Trauma verstehen lernen könnte. Denn genau die genannten Zuschreibungen erleichtern es dem Weggehenden, jedes Verständnis und jede Hilfe für den Verlassenen aufzukündigen und sich unnötig weit zu distanzieren. Mit den Argumenten »das ist ja krankhaft« oder »er/sie spielen ja nur Theater« oder »das ist ja absolut hysterisch« wird häufig noch nachträglich die Trennung gerechtfertigt. Der Verlassene seinerseits erleidet zusätzliche Scham- und Schuldgefühle, wenn er sein Verhalten vor sich selbst und von anderen als »pathologisch« zugeordnet erlebt. Deswegen möchte ich hier betonen: Der Protest in all seiner dramatischen Ausformung und mit seinen schmerzhaften Zumutungen für alle Beteiligten ist zuallererst eine normale körperliche und seelische Antwort auf das Trennungstrauma. Was wir von Kindern wissen, warum soll es nicht auch für Erwachsene zutreffen: Je wilder, lärmender und länger ihr Protest nach einer Trennung ausfällt, um so gesünder und stabiler entwickeln sie sich im späteren Leben weiter.

Mit der bisherigen Beschreibung ist die Protestphase noch nicht ausreichend erfaßt. Es wäre zu einseitig, wenn man das Trennungstrauma allein aus frühen Trennungserfahrungen ableiten wollte. Unabhängig von jeder Vorgeschichte stellt jede Trennung auch einen Verrat dar. In seiner allgemeinen Form bezeichnet ein Verrat die Preisgabe von Geheimnissen, um einen anderen zu schädigen oder gar zu verderben. So wird auch die Trennung in der Regel erlebt. Das aufgedeckte Geheimnis heißt: Der Verlassene war ein Versager, ein schlechter Mensch, geistig, seelisch oder sexuell unbefriedigend, einer, mit dem man nicht weiter leben konnte. Jetzt weiß es alle Welt. Und die Erniedrigung, Schuld und Scham hat er allein zu tragen. Die öffentliche Denunziation kommt einer Vernichtung gleich. Mit diesem Skandal, dieser Bloßstellung, mit diesem Stigma ist man für das weitere Leben gezeichnet, ein Aussätziger, ein Ausgestoßener, der sein Leben verwirkt hat und es am besten selbst beendet. So irrational auch solche Gefühle besonders in heutiger Zeit sind, so greifen sie doch auf frühe und tief eingepflanzte individuelle wie kollektive Erfahrungen zurück, bei denen die soziale Angst, von der Gemeinschaft geächtet zu werden, gegen alle Einsicht das Bewußtsein beherrscht.

Aber im übertragenen Sinne bedeutet Verrat noch mehr. Die Ideen von einem gemeinsamen Glück, von der Liebe, von einer gemeinsam gestalteten Zukunft, die Erfüllung durch die gemeinsamen Kinder und die Aufgabe ihrer Erziehung – alles ist verraten, verschmäht, für nichtig erklärt. Die Trennung bedeutet nicht nur den konkreten Verlust des Partners, sondern die Aufgabe all dieser Gemeinsamkeiten und Ideale, die das Leben bisher getragen und zusammengehalten haben. Auch mit ihnen fühlt man sich im Stich gelassen, um sie betrogen – alles geht zugrunde.

In jedem Menschen steckt ein potentieller Verräter. Aber es gibt ausgeprägte Verräternaturen, denen der Verrat eine Lust bereitet, die die schmutzige Wäsche waschen, als sei sie edle Seide. Gegen sie richtet sich das Gebot: »Du sollst kein falsch Zeugnis reden wider deinen Nächsten.« Wie genau dieses Gebot menschliche Natur erfaßt, wird durch die psychologische Tatsache verständlicher, daß der Verräter ein elementares, in jedem Menschen verwurzeltes Gefühl für Gerechtigkeit verletzt. Die Familienforscher Boszormenyi-Nagy und Spark haben in überzeugender Weise ein ungeschriebenes Gesetz untersucht, das zu den tief verankerten Regeln des Zusammenlebens in Familie und sozialer Gemeinschaft gehört. Sie nennen es das »Loyalitätsprinzip«. Durch dieses Prinzip wird jeder Mensch unbewußt verpflichtet, sich gegenüber der zugehörigen Gemeinschaft loyal zu verhalten, d.h. ihre Normen und Werte zu achten und zu akzeptieren. Unterstützt wird die Einhaltung des Loyalitätsprinzips durch das, was die Autoren – und sich darin durchaus religiösen Kategorien annähernd – als »Gerechtigkeitssinn« bezeichnen.

Der Verrat stellt also in seiner umfassenden Bedeutung eine Verletzung des Loyalitätsprinzips und des Gerechtigkeitssinns dar. Damit wird er zu einem tief empfundenen Unrecht. Das Erleiden von Unrecht und Ungerechtigkeit kann aber, entsprechend der elementaren Verletzung, eine archaische, alle Grenzen sprengende Vergeltungsaggression entfesseln.

Erst mit dieser Ergänzung wird die ganze Dramatik und letztlich die Tragik der Protestphase nach einer Trennung verständlich.

Scheint nicht aber doch vieles von dem, was bisher als »normaler« Protest bezeichnet wurde, die Grenze zur Normalität zu überschreiten? Die häufige Erfahrung, daß viele ansonsten stabile und von ihrer Umwelt menschlich geschätzte Personen in der akuten Trennungssituation alles Maß und alle Kontrolle verlieren können, stellt unseren Normalitätsbegriff erheblich in Frage. Unsere mitteleuropäische Sozialisation hat eine Kultur der Angepaßtheit geschaffen, bei der in Vergessenheit geraten ist, über welche Urkräfte und dabei antisozialen Trieb- und Gefühlskräfte der Mensch verfügt. Wenn sie in Erscheinung treten, werden sie als »dämonische« und »unmenschliche« Kräfte verdammt und in unserer zivilisierten Zeit mit Krankheitsbegriffen belegt. Offensichtlich aber erschüttert das Trennungsdrama als existentielle Erfahrung die tiefsten Schichten der Person und wühlt ihren Orkus, ihre Hölle, ihren Unterbau, oder welche Vergleiche man wählen mag, bis zur besinnungslosen Entladung auf. Die menschliche Natur gleicht einem Vulkan, dessen Magmaausbrüche bekanntlich durch Verschiebungen und Überwerfungen in der Tiefe des Erdinneren ausgelöst werden. Nicht umsonst verehrte man in Hawaii die Vulkan- und Feuergöttin Pele wegen ihrer Hemmungslosigkeit in der Liebe, in der Eifersucht und in der Rache.

Rache ist die Vergeltungsaggression nach einem erlittenen Unrecht. So sehr sie auch aus der Schwere der Verletzung verstehbar wird – die Grenze zur »Normalität« überschreitet sie an der Stelle, wo sie sich als körperliche Gewalt gegen Personen richtet. Der Einsatz physischer Gewalt, besonders durch den Mann, bleibt ein Mißbrauch, auch wenn er aus Ohnmacht und Hilflosigkeit geschieht. In dieser tragischen Situation ist die Frau doppelt verohnmächtigt – durch die Trennung selbst und durch ihre körperliche Unterlegenheit, die sie daran hindert, durch den Einsatz von Gewalt eine schnelle Befriedigung ihrer Rachegelüste zu erreichen. So ist sie gezwungen, andere Mechanismen zu entwickeln, die in ihrer Heimlichkeit und Hinterlist zuweilen um so gemeiner und verletzender sein können. Trotzdem scheint ihre Rache oft unstillbarer zu sein als die des Mannes, da ihm der Erfolg körperlicher Überlegenheit und die Unterwerfung des Opfers eine größere Befriedigung verschafft, die der Frau versagt bleibt. Diese Form der Konfliktaustragung ist wohl deswegen »befriedigender«, weil sie entwicklungsgeschichtlich in frühen Verhaltensmustern festgelegt ist. Aber grundsätzlich ist bei Frauen wie bei Männern die Rache nach einem Trennungsverlust der Urgrund, aus dem alle Bosheit, Bösartigkeit, Heimtücke, Falschheit, Lüge, Arglist und Niedertracht erwachsen, zu denen der Mensch in unerschöpflichem Erfindungsreichtum fähig ist.

Eine besondere Tragik in der Phase des Protestes stellt der Rachefeldzug dar, in den die Kinder einbezogen werden. Die körperliche Gewalt ist dabei nur eine Form des Mißbrauchs.[13] Die vielen anderen Möglichkeiten sind so hinlänglich bekannt, daß ich hier, auch aus Gründen, die ich in der Einleitung genannt habe, auf eine ausführliche Beschreibung verzichten möchte. Erwachsene werden in ihrem Krieg die Kinder so lange nicht verschonen, wie sie nicht selbst zu einer größeren Versöhnungsfähigkeit gefunden haben. In der Regelung von Krieg und Frieden haben Familien viele Gemeinsamkeiten mit dem Umgang der Völker untereinander.

Mit der Rache ist ein Gefühl eng verbunden, das in seiner seelischen und sozialen Tragweite bisher erstaunlich wenig beachtet wurde: der Neid. Die gründlichste Klärung dieses Gefühls verdanken wir der Kinderanalytikerin Melanie Klein. Nach ihr ist der Neid eine außerordentlich destruktive Reaktion auf schwere frühkindliche Frustrationen, durch die es zu einer mangelnden Integration eigener aggressiver Triebbedürfnisse kommt. Der Neid kann daher in der Protestphase die Racheimpulse in extremer Weise steigern, zumal dann, wenn die Verteilung der Chancen nach der Trennung ungleich, und das bedeutet ungerecht, ausfällt. Das betrifft besonders denjenigen, der seinen Partner an einen anderen verloren hat und selbst alleine bleibt. Vielfach wird in diesem Zusammenhang von Eifersucht gesprochen – wohl, weil diese ein von der Gesellschaft und vor sich selbst weniger tabuiertes Gefühl ist. In Wirklichkeit aber handelt es sich dabei meistens um quälende Neidgefühle. Diese Unterscheidung ist wichtig, um die eigenen Reaktionen und die des anderen mit mehr Verständnis akzeptieren zu können.

Der Neid bezieht sich aber nicht nur auf einen anderen Menschen, sondern auch auf die weiteren Vorteile, die der Partner nach der Trennung für sich verbuchen kann. Unter den gegenwärtigen gesellschaftlichen Bedingungen besteht kein Zweifel daran, daß die Ungleichheitsverhältnisse zwischen Mann und Frau nach einer Scheidung noch wesentlich zum Nachteil der Frau verschärft werden. Die beruflichen und finanziellen Vorteile des Mannes und seine neue Partnersituation, wenn sie der Grund für die Trennung war, sind also Anlässe genug für berechtigte Neidgefühle. Da Neid jedoch ein sehr verpöntes und kränkendes Gefühl ist und die aktuellen Gründe zudem noch die verdrängten frühkindlichen Neidgefühle intensiv wiederbeleben können, hat die Frau hierbei einen zusätzlichen und schweren Konflikt zu bewältigen.

Der Trennungsschock, die narzißtische Kränkung, die Hilflosigkeit und Ohnmacht, die Rache und der Neid sind wohl die elementaren Gefühlsmächte, die sich in der Protestphase zu gewaltigen Eruptionen mischen. Andere Gefühlsqualitäten wie Wut, Haß, Zorn, Feindseligkeit, Erbitterung, Enttäuschung und Abneigung werden zur Beschreibung dieses Zustandes von der Alltagssprache mehr benutzt, weil sie für die Selbstwertregulation nicht so bedrohlich und daher bewußtseinsfähiger sind. Die Elementargefühle werden dagegen nur bei großer innerer oder äußerer Bedrohung aus der Verdrängung gelöst. Streßpsychologisch stellen sie dann den Versuch des Individuums dar, durch äußerste Kraftanstrengung die Streßbelastung auszugleichen, um das körperliche und seelische Gleichgewicht zu erhalten oder wiederherzustellen. Dieser mit allen Mitteln geführte Kampf bedeutet für den einzelnen eine lebensbedrohende Zerreißprobe. Die scheinbare Irrationalität vieler Handlungen im Trennungsdrama läßt sich unter diesem Blickwinkel als durchaus verständliche und zweckvolle Gegenwehr verstehen. Daß die Zerreißprobe die Widerstandskräfte vieler Menschen dennoch überfordert und, beinahe oder real, in die körperliche Gewalt bis zur eigenen und fremden Lebensvernichtung einmündet, wissen wir nicht nur aus der Alltagserfahrung und der ärztlichen und psychotherapeutischen Praxis. Auch die Statistik zeigt: Die meisten Selbstmorde und Selbstmordversuche werden durch Trennungen ausgelöst; allerdings ereignen sie sich in allen drei Phasen der Trennung – dramatischer in der ersten und zweiten, stiller und unheimlicher in der dritten Phase. Die Trennung von sich selbst ist die radikalste Möglichkeit des Protestes. Dagegen enthält der sehr viel seltenere Mord am Partner oder an den Kindern als Ausgang der Zerreißprobe noch ein, wenn auch grausiges, Element der Wiedergutmachung, wodurch sich das Individuum vor der Selbst-Zerstörung retten kann. Todeswünsche und Mordphantasien sind daher außerordentlich verbreitet und ersetzen wenigstens auf symbolischer Ebene den realen Tod des anderen. Von Ortega y Gasset stammt der Satz: »Hassen heißt unablässig morden.«[14]

Zur Illustration der Protestphase wähle ich ausdrücklich kein Beispiel aus meiner psychotherapeutischen Praxis. Solche Falldarstellungen, wie sie immer wieder in der Literatur herangezogen werden, machen es dem Leser oft zu leicht, sich nach dem Motto von dem Geschehen zu distanzieren: »Es ist ja nur eine Krankengeschichte!« Mir liegt jedoch daran, das Trennungsdrama in seiner generellen Gültigkeit zu beschreiben, weil nur so der Weg zu einem wechselseitigen Verständnis und zur Überwindung der extremen und oftmals tragischen Lösungsversuche beschritten werden kann. Denn das unglückliche Mißverständnis des beschriebenen Selbstverteidigungskonzeptes liegt darin, daß der angegriffene Partner die Reaktionen nicht als Ausdruck einer tiefen Verletzung und Verletzlichkeit erkennt, sondern sie als einseitig gegen sich gerichtet erlebt; dadurch wird er in seiner negativen Einschätzung der Situation noch bestätigt und schraubt durch oft gefühllose Gegenreaktionen den Konflikt weiter hoch. Außerdem geht der allgemeinmenschliche Charakter, die Tiefe der Erschütterung und die Gewalt der Befreiung, die im Trennungsdrama enthüllt werden, verloren, wenn man sie dem krankhaften Verhalten zuordnet.

Als weltberühmtes Beispiel aus der Literatur bietet sich daher die *Medea-Tragödie* des Euripides an. Die Phase des Protestes nach einem Trennungsverlust hat, wohl wegen ihrer dramatischen Ausformungen, in vielen literarischen Beschreibungen ihren Niederschlag gefunden. Aber nirgendwo ist sie in ihrer archaischen Bedeutung gültiger dargestellt als im Schicksal dieser Frau. Weder Euripides noch viele seiner Nachfolger hätten Medea so berühmt gemacht, wenn ihre Taten nur die Auswüchse einer krankhaften Einzelgängerin gewesen wären.

Medea – das ist der griechische Mythos – hilft Jason durch ihre Zauberkräfte das Goldene Vlies zu erobern. Als Dank heiratet Jason sie und schwört ihr vor den Göttern ewige Treue. Die Tragödie des Euripides setzt zu dem Zeitpunkt ein, als Jason seine Frau verlassen hat, um Glauke, die Tochter Kreons, zu heiraten. Besser als jede Nacherzählung können einige Zitate aus dem Originaltext Medeas Gefühlsausbrüche illustrieren. Ihr erster Auftritt beginnt mit einem großen Klagegesang:

»Ach weh!
Ich unglückseliges, leidendes Weib!
Ach, weh mir! Wär ich doch tot nur!
Ach, ach! Elend ist, was ich erduld,
Elend und wert lauten Bejammerns!
O verwünschte, verderbt, Kinder der leidigen
Mutter, mitsamt ihm,
und gehe zugrunde das Haus ganz![15]

Ha, säh ich ihn (den Gemahl, H.P.)
nur und die Braut mitsamt
Den Gemächern des Glücks einst noch zerschmettert,
die frei sich erfrecht, mich zu beleidigen![16]

Mich hat dies wider Hoffen zugestoßene Leid
Zum Tod verwundet, Beste: hin bin ich; mir ist
Des Lebens Reiz verschwunden und der Tod ersehnt.[17]

Ich bin verlassen, ohne Heimat, bin verhöhnt.
Wenn wo ein Mittel, wenn ein Weg sich mir entdeckt,
Für dieses Unrecht meinen Mann zu züchtigen,
Dann schweigt! In andrem ist das Weib voll zager Furcht,
Zu feig zu kämpfen und zu trotzen blankem Schwert,
Doch wo das Recht des Ehebunds gekränket ist,
Ist in der Welt auch kein Gemüt rachsüchtiger.«[18]

Jason tritt auf und bietet Medea für sie und ihre Kinder seine Dienste an – seine Sorge, finanzielle Hilfe und die Bleibe in »Haus und Hof«; er möchte ihr kein Feind sein. Doch der »wilde Zorn« Medeas weist ihn zurück:

»O schlechter Mann! Ach, leider kann ich Schlimmres nicht
Dir mit der Zung entgegnen als ein schwaches Weib!
Du kommst zu mir her? Kommest, du mein ärgster Feind?[19]

Nicht deiner Gastfreund einer soll mir dienen je,
Noch nehm ich Unterstützung. Oh, behalte sie!
Denn schlechter Menschen Gaben sind des Segens bar.«[20]

Nachdem Jason gegangen ist, schmiedet Medea ihre fürchterlichen Rachepläne. Sie schickt Glauke mit List ein vergiftetes Brautkleid zur Hochzeit, in dem diese qualvoll verbrennt. Und:

»Von dieser Stund an: meine eignen Kinder muß
Ich töten. Niemand lebet, der sie retten kann!
Und hab ich Jasons ganzes Haus zertrümmert dann,
So eil ich fort, von meiner teuren Kinder Mord
Hinweg, vom Lande, das mich zwang zur Greueltat.«[21]

Chor: »Du könntest, Weib, ermorden deine Sprößlinge?«[22]
Medea: »Ja, weil ich so am tiefsten kränke meinen Mann!«

Kurz vor der Tat ist Medea in einem erschütternden Monolog von Selbstzweifeln und von der zärtlichen Liebe zu ihren Kindern zerrissen. Der Monolog endet:

»Du weiche Wange, o meiner Kinder süßer Hauch!
Geht, geht, ihr Kinder! Länger halt ich's nimmer aus,
Euch anzusehen. Ach, der Schmerz bewältigt mich!
Wohl fühl ich's, welch ein Leid ich anzurichten geh,

Doch mächtger als die Einsicht ist die Leidenschaft:
sie ist die Ursach jedes größten Fluchs der Welt!«[23]

Medea tötet ihre Kinder aus Haß und Rache und »zum Grame« von Jason, der daran langsam zugrunde geht; alt und einsam stirbt er an Medeas Fluch. Das Opfer der Kinder, das zeigt der Verlauf der Tragödie, dient aber letztlich dazu, Medea vor der Selbstaufgabe, vor der Zerstörung ihres Selbst durch Selbst-Mord, wie er im Eingangsmonolog anklingt, zu bewahren.

Euripides hat das Trennungsdrama nicht aus einer griechisch-patriarchalen und antifeministischen Haltung geschrieben, wie man vielleicht vermuten könnte. Im Gegenteil. Unter den griechischen Tragödienschreibern war er der ungeliebte und öffentlich bekämpfte Oppositionelle, der sich stark für den Anspruch der Frau auf gleiches Recht und gleiche Bildung einsetzte. Im Schicksal der Medea hat er den Protest des Menschen gegen die Verletzungen des Verlassenwerdens zu einer tiefen psychologischen Erkenntnis formuliert.

Die Verzweiflung und der Trennungsschmerz

Irgendwann ist die Kraft zum Kampf verbraucht. Der Protest hat sich erschöpft. Das Unabänderliche hat einen von seiner Sinnlosigkeit überzeugt. Die Hoffnung, der Partner könnte zurückkehren, ist endgültig zerschlagen – nicht selten durch eigenes Zutun, weil der Aufruhr des Protestes von beiden unverstanden blieb und die Spaltung vertiefte. Die zweite Phase des Trennungsdramas hat eingesetzt.

Ein 45jähriger Patient, der nach acht Jahren des Zusammenlebens plötzlich von seiner Partnerin wegen eines anderen Mannes verlassen wurde, machte eine lange und turbulente Protestphase durch, weil die überraschende Trennung für ihn einer Katastrophe gleichkam. Während er bisher immer in heftiger Erregung in die Behandlungsstunde gekommen war, betrat er eines Tages verzögert und mit verhaltener Art das Zimmer. Im Unterschied zu sonst schwieg er zu Beginn längere Zeit. Dann sagte er:

»Gestern fuhr ich mit dem Wagen zur Arbeit. Ich dachte an Marianne. Aber ich spürte keine Wut mehr. Es passierte etwas ganz anderes. Es begann mit einem Stich und einem schmerzhaften Zusammenziehen in der Magengegend. Plötzlich füllte der Schmerz meinen ganzen Körper aus; aber es war nicht nur ein Körperschmerz. Ich weiß nicht, wie ich es beschreiben soll – es war ein so unvorstellbarer Schmerz in mir, wie ich ihn nie erlebt hatte. Mit großer Klarheit überfiel mich der Gedanke: So, genau so muß ein innerer Zustand aussehen, bevor etwas zerreißt, so muß sich jemand fühlen, bevor sein Denken zerreißt und er verrückt wird. Bestimmt kommen viele Patienten mit einer Psychose in die Klinik, weil sie verlassen worden sind.

Aber es wurde noch schlimmer. Der Körperschmerz zog in meine Brust, lag dort wie ein dicker Klumpen und drohte den Brustkorb zu sprengen. Dann konzentrierte er sich auf mein Herz, und ich dachte, so muß es kurz vor einem Herzinfarkt sein. Ich war völlig verzweifelt. Der Zustand war kaum auszuhalten. Und da kam der dritte Gedanke: So müssen sich Menschen kurz vor einem Selbstmord fühlen.

Ich fuhr nach Hause, sonst hätte ich einen Unfall gebaut. Dort nahm ich zwei Valium und wollte Marianne anrufen. Sie war nicht da. Dann rief ich einen Freund an; er war wie ein Rettungsring. Er sagte mir, wie sehr er mich mag. Ich wurde langsam ruhiger.«

Nach diesem langen Monolog schweigt er erschöpft. Ich sage nach einiger Zeit: »Es sieht so aus, als wenn Sie Marianne doch noch sehr gern haben.«

»Nein«, sagt er ganz ruhig, »das ist es nicht. Ich habe ja inzwischen verstanden, daß sie nicht zurückkommt, und ich weiß, daß es gut so ist. Wenn ich ehrlich bin, war es ja keine Liebe mehr, die uns die letzten Jahre zusammengehalten hat. Es ist wohl der Schmerz, allein zu sein. Nach den letzten Monaten des Kampfes kommt er mir erst jetzt zu Bewußtsein – und ich wehre mich nicht mehr gegen ihn.«

Der Schmerz, alleine zu sein. Wir erinnern uns. Freud bezeichnete die erste Trennung des Säuglings von der Mutter als die »Urangst« der Geburt. Genauer können wir jetzt vom »Urschmerz« der Geburt sprechen. Denn die Trennungsangst ist nur die spätere Angst vor der Wiederholung dieses Schmerzes, allein zu sein. Der Trennungsschmerz, der von der Psychoanalyse im Unterschied zur Trennungsangst bisher kaum beachtet wurde, bezeichnet also den Schmerz nach der Trennung. Bei den Kinderbeobachtungen von Bowlby haben wir gesehen, wie nach der Trennung von der Mutter und nach der Protestphase im Schmerz des Kindes, alleine zu sein, der Urschmerz wiederholt wird, der sich äußerlich als Verzweiflung zu erkennen gibt. Deswegen kann der Schmerz beim Kind, aber auch beim Erwachsenen, so zerrodend sein, weil er den Urschmerz der Trennung als archetypische Erfahrung neu belebt. Wie ausgedehnt dieser Schmerz ist, nachdem die Abwehrkräfte in der Protestphase verbraucht wurden, zeigt die Schilderung des Patienten sehr deutlich. Die Gefühle, verrückt zu werden, an Herzinfarkt zu sterben oder sich umbringen zu müssen, sind die wohl extremsten Grenzerfahrungen, bei denen der Schmerz die körperliche, seelische und geistige Ganzheit zu zerreißen droht.

Der psychosomatischen Medizin ist es übrigens seit langem bekannt, daß seelischer Schmerz, Kummer und Verzweiflung zu körperlichen Funktionsstörungen führen können. Eine Überflutung mit seelisch belastenden Reizen, die vom Individuum nicht mehr verarbeitet oder, wie zum Beispiel in der Protestphase, nicht mehr durch Triebabfuhr nach außen abgelenkt werden können, führen zu inneren Dauerspannungen, die sich in Körperstörungen niederschlagen.

Entsprechend treten bei Kleinkindern als Folge des Mutterverlustes und nach Abklingen der Protestphase verstärkt psychosomatische Störungen in der Phase der Verzweiflung auf. Am häufigsten sind Eßstörungen mit Appetitverlust und Gewichtsabnahme, Schlafstörungen, Hauterkrankungen und eine allgemein erhöhte Krankheitsanfälligkeit durch eine seelisch bedingte Immunschwäche. Von René Spitz wurden schwere körperliche Reaktionen nach langem Mutterverlust beschrieben, die von einem körperlichen und geistigen Entwicklungsrückstand bis zu extremen Formen der Unterernährung bisweilen mit tödlichem Ausgang reichen können.

Ähnliche Verhältnisse lassen sich auch bei Erwachsenen nach einem schweren Trennungsverlust wiederfinden. So entwickelte der beschriebene Patient, der sonst nicht zu psychosomatischen Beschwerden neigte, in den folgenden Monaten ausgeprägte Appetitstörungen mit einer Gewichtsabnahme von acht Kilogramm, außerdem extreme Schlafstörungen – er schlief nur noch zwei bis drei Stunden pro Nacht –, ohne daß er am folgenden Tag müde war. Auch bei psychisch sonst stabilen Menschen reichen die psychosomatischen Reaktionen nach einer Trennung von Kopfschmerzen, Magenbeschwerden, Verdauungsstörungen, Harnbeschwerden, Hauterkrankungen (Allergien) und Schlafstörungen bis zu Herz- und Kreislaufstörungen, wobei die äußerste Konsequenz, ein Herzinfarkt – »das gebrochene Herz« – nach einem Partnerverlust tatsächlich keine Seltenheit ist. Streßpsychologisch spielt bei all diesen Erkrankungen eine ins Körperliche umgeschlagene, nach außen nicht mehr kanalisierbare Aggression eine erhebliche Rolle.

Verzweiflung und Trennungsschmerz stellen also eine vitale Bedrohung körperlicher wie seelischer Funktionsabläufe dar.

Als psychosomatische Reaktion ist auch das Weinen aufzufassen, das sich bekanntlich in der Verzweiflungsphase zu ebenso heftigen wie häufigen Weinanfällen steigern kann. Die eindrucksvollste Beschreibung für die Funktion des Weinens in der zweiten Trennungsphase hörte ich von Herrn M., der einige Stunden zur Beratung kam:

»Es war kurz bevor Gisela auszog. Die Trennung stand seit Monaten fest, nachdem sie ihren neuen Freund kennengelernt hatte und jedes Wochenende zu ihm fuhr. Sie wollte, daß wir uns ›in Liebe‹ trennen sollten, damit ich besser verstünde, warum sie gehen müsse. Deswegen hielt sie auch die ersten Monate aus, in denen wir uns die heftigsten Kämpfe in unserer langen Beziehung lieferten. Eines Nachts – ich saß noch am Schreibtisch, weil ich nicht schlafen konnte – las ich in alten Tagebüchern über das fürchterliche Alleinsein, in dem meine Eltern nebeneinanderhergelebt haben mußten. Ich ging ins Schlafzimmer. Gisela schlief noch nicht. Ich erzählte ihr von der Ehe meiner Eltern. Plötzlich fing ich an zu zittern, und eine Welle von Tränen stieg in mir hoch. Ich hatte seit meiner Kindheit nicht mehr geweint. Die Tränen kamen immer stärker, und dann brach ein Schluchzen aus mir heraus, wurde immer lauter, es hörte nicht mehr auf und verwandelte sich in ein schmerzhaftes Heulen, gegen das ich mich nicht mehr wehren konnte. Ich schmiß mich hin und her, weil ich keine Luft mehr bekam, und um nicht zu erstikken, schrie ich irgendwas. Als ich den Satz hörte, den ich ohne Verstand geschrien hatte: ›Ich bin so allein!‹, schüttelte eine neue Welle meinen Körper, und plötzlich brach es aus mir heraus: ›Hundert Jahre Einsamkeit!‹ Noch im Weinen wurde mir bewußt, warum der Titel des Buches mich immer so angezogen hatte. Gisela weinte jetzt auch. Sie nahm mich in den Arm und streichelte mich, bis der Anfall vorbei war. Dann schliefen wir ein. Ich glaube heute, dieses Weinen war meine Rettung!«

Die befreiende Funktion des Weinens ist heute allgemein bekannt. Trotzdem gibt es noch viele Männer, aber auch Frauen, die selbst in so traumatischen Situationen wie der einer Trennung nicht weinen können. Die einen verbieten sich die Tränen, die anderen sehnen sie sich herbei, aber ihre Gefühlsverdrängung ist stärker. Einem Artikel in der schweizerischen Zeitschrift »Actio Humana«[24] entnehme ich die Hinweise, daß nach neueren Forschungsergebnissen durch Untersuchungen der Tränenflüssigkeit der Beweis erbracht ist, daß Weinen bei einer starken Gemütsbewegung Streß abbaut. 85% der Frauen und 73% der Männer fühlen sich nach dem Weinen erleichtert. Der psychosomatische Zusammenhang ist auch durch Studien erwiesen, wonach gesunde Menschen eher zum Weinen neigen »als Menschen, die unter Streßsymptomen wie Magengeschwüren oder Kolitis leiden«.

Nach der geschilderten Szene ließ sich in der Beratung mit Herrn M. leicht klären, wie er die plötzlich aus der Tiefe ausbrechenden Gefühle von Einsamkeit und Alleinsein in seinem bisherigen Leben verdrängt und durch berufliche Arbeit und vielerlei Aktivitäten und Pseudokontakte überdeckt hatte. Die damit verbundene emotionale Erstarrung wurde aber zum Grund für die langsame Entfremdung und schließlich das Scheitern der Beziehung. Erst die Trennung stellte den notwendigen Auslöser für den Zusammenbruch der Gefühlsabwehr dar. Deswegen wurde die Verzweiflungsphase für den Mann, so schmerzhaft sie war, zur Chance für eine grundlegende Neuorientierung, die er auch nutzte. Hier hatte das Weinen die befreiende und kathartische Wirkung, die ihm oft nachgesagt wird.

Wie versucht nun normalerweise das Individuum in dieser Phase mit der Verzweiflung und dem Schmerz umzugehen, um die Dauerbedrohung auf ein erträgliches Maß zu reduzieren?

Die Beobachtung von Bowlby, daß das Kind in der Verzweiflungsphase trotz wachsender Hoffnungslosigkeit innerlich noch stark auf die Mutter bezogen ist, trifft auch für Erwachsene in ihrer Einstellung zum abwesenden Partner zu. So wollte mein zuerst beschriebener Patient auf dem Höhepunkt seines Schmerzanfalls mit Marianne telefonieren. Nach Abklingen seiner Angriffe telefonierte er häufiger mit ihr. Voll Teilnahme hörte sie dann oft einfach nur zu, wenn er über seine verzweifelten Gefühle des Alleinseins sprach. Sie schien verstanden zu haben, daß er sie innerlich noch nicht gehen lassen konnte und ihren Halt brauchte. Andere Menschen schreiben noch längere Zeit Briefe oder Gedichte an den Partner. Ich gebe hier mit ausdrücklicher Genehmigung den Brief einer Frau wieder, den sie fünf Monate nach der Trennung ihrem Mann schrieb, der inzwischen mit einer neuen Freundin zusammenlebte:

»Mein Liebster! Laß mich Dich noch einmal so nennen, nachdem der zermürbende Hader und die Verletzungen, die wir uns gegenseitig zugefügt haben, abgeklungen sind. Sie waren wohl nötig, um uns mit Gewalt vor Augen zu führen, daß unsere Liebe gestorben ist. Aber noch kann ich Dich nicht ins Vergessen entlassen. Das Alleinsein ist schrecklich. Nachts liege ich im Dunklen und entwerfe phantastische

Bilder einer Welt, die uns einmal gehörte. Dann wiege ich Dich in meinen Armen wie ein Kind und möchte doch selbst eins sein und spüren, ich bin nicht allein. Irgendwann, ich weiß es, wirst Du nur noch eine Erinnerung sein. Bis dahin möchte ich Dir noch gelegentlich schreiben dürfen, ein zitternder Strohhalm, damit ich nicht verloren gehe. ›Loslassen können!‹« Die Spatzen pfeifen es von den Dächern. Nachdem die großen Trennungszeiten angebrochen sind, braucht man neue Lösungen, Zauberformeln. Bei mir wirken sie noch nicht. Wird man je einen Menschen innerlich ganz loslassen können, den man einmal geliebt hat? Und warum auch? Die Erinnerungen an Dich, die Bilder, die Du in mir hinterlassen hast, wird das Leben nicht auslöschen. Sie machen ja schließlich den gelebten Reichtum aus. Dafür bin ich Dir sehr dankbar. Aber im Moment tragen sie mich noch nicht. Noch brauche ich etwas Konkretes, an dem ich mich festhalten kann, und sei es auch nur ein zartes Blatt Briefpapier.
Deine N.«

Leider können nur wenige Menschen, die weggegangen sind, solche Briefe oder andere Zeugnisse des langsamen Abschieds annehmen; sie sind ihnen lästig, werden als Wiederannäherungsversuche mißverstanden und vor allem – sie lösen Schuldgefühle aus. Dabei sind sie normale Ablösungsschritte in der Phase der Verzweiflung, um den Trennungsschmerz erträglicher zu machen. Zu diesem Zweck schreiben andere Menschen tage- und nächtelang viele Tagebücher voll und rekapitulieren darin die gemeinsame Geschichte, um sie besser zu bewältigen. Weniger produktiv sind nicht endende Grübeleien und innere Monologe und Dialoge, um die Nähe des Partners zu erhalten.

Alle Beispiele zeigen, daß jeder Mensch nach der äußeren Trennung Zeit braucht, um sich auch innerlich vom Partner freizumachen. Dabei handelt es sich nicht um eine »krankhafte Fixierung«, die man dem anderen oder sich selbst vorwerfen muß. Sich die Zeit zu nehmen oder dem anderen geben zu können, das beschleunigt paradoxerweise den Ablösungsprozeß.

Die Ablösung ist für alle deswegen so schwierig, weil – um es in einem Bild auszudrücken – der Mensch in einer langjährigen Bindung im anderen ein weitverzweigtes Wurzelsystem an Gefühlen ausgebildet hat, dessen Ursprungswurzel bis in die früheste aller Verbindungen zurückreicht. Nicht umsonst ist die Nabelschnur ein Symbol von Bindung und Trennung. Das Gefühl nach einer Trennung, »entwurzelt« zu sein, drückt den Verlust von Erdreich, von Mutterboden aus, der mit der Geburt verlorengeht. Es lohnt sich, dieses Bild zu vertiefen, um das ganze Ausmaß von Verzweiflung und Trennungsschmerz sichtbar zu machen:

Die Nabelschnur ist bekanntlich – und darin einmalig in der Natur – ein Stamm mit zwei Wurzelenden. Die Ursprungswurzel ist das feine und äußerst verästelte Gefäßsystem des Mutterkuchens, der auch äußerlich die Form eines Wurzelballens hat. Er ist mit der Innenwand der Gebärmutter fest verwachsen. Über dieses Gefäßsystem gelangt das arterielle, frisch mit Sauerstoff gesättigte mütterliche Blut über die Nabelschnur zum Kind. In ihm teilt sich das Nabelschnurgefäß in immer kleiner werdende Gefäße auf, die mit ihren Tausenden von Verästelungen den kindlichen Organismus wie ein zartes Wurzelwerk durchziehen und mit Blut versorgen. Über ein ebenso verzweigtes Gefäßsystem, die Venen, gelangt das verbrauchte Blut vom Kind über den Nabelschnurstrang in den Mutterkuchen zurück. Dieses geschlossene Gefäßsystem mit seinen zwei durch die Nabelschnur verbundenen Wurzeln veranschaulicht noch einmal die zwischen Mutter und Kind bestehende Einheit.

Wenn wir im übertragenen Sinne von der Einheit zweier Partner sprechen, ist dabei nicht weniger gemeint, als daß beide ihre Gefühlswurzeln im anderen verankert haben und der Austausch der Gefühle nicht zufällig am stärksten über die Berührung und Verschmelzung der Körper erfolgt: über die Hände (zwei ineinandergreifende Wurzeln), über den Kuß und den Coitus. Der Austausch und die Durchmischung der Körperflüssigkeiten bei den beiden letztgenannten Vereinigungen, den Vereinigungen mit der größten Lust, drücken daher den höchsten Grad an erreichbarer Intimität und Einheit aus.

Die Trennung zerschneidet nun das Band, und – das ist das Entsetzen – beide Partner müssen ihre Gefühlswurzeln aus dem anderen herausreißen und gleichzeitig den Schmerz ertragen, daß auch der andere *seine* Wurzeln herauszieht. Dieser doppelte Verlust ist für den Verlassenen sehr viel schmerzvoller, weil wir davon ausgehen, daß seine Gefühle noch lebendiger und stärker sind als beim anderen.

Der Schmerz als körperliches und seelisches Geschehen, als psychosomatischer Prozeß, kann so unerträglich sein, daß viele ihn nicht ohne »Narkose« überstehen. Menschen in der Verzweiflungsphase neigen ausgesprochen häufig zu Betäubungsmitteln: Tabletten, Alkohol, Nikotin, übermäßiges Fernsehen, Vergnügungen und Sex. Besonders im letzten Fall täuscht man sich selbst und dem flüchtigen Partner die Überwindung des Trennungsschmerzes nur vor. Auch in festen Bindungen, die man in dieser Zeit eingeht, holt der Trennungsschmerz einen schnell wieder ein; deswegen haben sie oft wenig Bestand. Verzweiflung läßt sich nicht überlisten, so verständlich der Versuch auch ist.

Freundschaftliche Kontakte sind dagegen die wohl produktivste Form, das Trauma zu verarbeiten. Viele suchen wieder den Zusammenhalt mit der Familie; nicht nur, weil die Familie das Alleinsein mindert und Verständnis vermittelt, sondern weil sie zum Ursprung führt und einem etwas von dem verlorenen Wurzelgefühl zurückgibt. Andere intensivieren den Kontakt zu Freunden oder lassen ruhende Freundschaften wieder aufleben. Wie das Beispiel des ersten Patienten zeigt, war der Freund »in der höchsten Not« durch seine liebevolle Zuwendung »ein Rettungsring«, der ihn vor dem Ertrinken im Alleinsein bewahrte. Es ist oft tragisch, zu beobachten, wie viele Menschen in der Verzweiflungsphase diesen Weg nicht finden. Sie igeln sich ein, sie betäuben sich, sie weinen über Stunden, Tage und Wochen, ohne es jemandem zu zeigen, und bleiben in ihrem Schmerz allein. Hier wirken sich noch immer bestehende gesellschaftliche Vorurteile geradezu verheerend aus. Auch wenn sie offiziell als überholt gelten, sind sie oft so stark verinnerlicht, daß sie der einzelne nicht aus eigener Kraft überwinden kann. Das Vorurteil verbindet nicht nur Schande, Versagen und eigene Schuld mit jeder Trennung, es verbreitet auch die Ideologie, jeder müsse mit seinen Problemen allein fertig werden, und Hilfe zu beanspruchen sei ein Ausdruck von Schwäche. Entsprechend dieser verinnerlichten Normen wird Hilfe nicht nur nicht gesucht, sondern ihr Angebot häufig auch zurückgewiesen. Wie bei Medea spielt hierbei ein tragischer Stolz oftmals eine wesentliche Rolle; er soll die Unfähigkeit verbergen, Hilfe anzunehmen.

Ich bin davon überzeugt, daß durch den Abbau solcher Vorurteile und Ideologien viel Trennungsleid gemildert werden könnte. Die freundschaftliche und solidarische Hilfe ist gerade heute eine zentrale Voraussetzung, die verbreiteten Trennungsdramen umzuschreiben.

Man muß allerdings in diesem Zusammenhang ein Problem erwähnen, das sich, wie viele therapeutische Erfahrungen immer wieder zeigen, der Hilfe hartnäckig in den Weg stellt – der Masochismus. Besonders nach Trennungen und Scheidungen bedeutet er nicht selten ein unüberwindbares Hindernis bei der Bewältigung des Trennungstraumas. Unter Masochismus verstehen wir eine Neigung, Leiden auf sich zu ziehen, an ihm festzuhalten und, was noch schwieriger zu verstehen ist, das Leiden in einer bestimmten Weise zu genießen. Die Entstehung dieses psychischen Mechanismus ist sehr kompliziert und datiert in die frühkindliche Verarbeitung des Aggressionstriebes zurück. Vereinfacht läßt sich sagen, daß man nur dann gerne leidet, wenn das Leiden einen Gewinn verspricht und der gesunde Weg zu diesem Gewinn durch eine neurotische Konfliktverarbeitung blokkiert ist. Der größte Gewinn steckt wohl in der vermehrten Zuwendung und Anteilnahme, die der Leidende durch seine Umwelt erfährt. Er kann noch erheblich durch das gesteigert werden, was man einen masochistischen Triumph nennt: Indem ich mein ganzes Leiden möglichst wirkungsvoll in Szene setze, kann ich dem anderen sein Unrecht um so eindringlicher vor Augen führen und seine Schuldgefühle verstärken. Der Triumph besteht dann darin, den anderen zu bestrafen und das Recht für sich alleine in Anspruch zu nehmen. Wenn man für dieses Spiel noch Verbündete findet, die sich als Richter zur Verurteilung des anderen mißbrauchen lassen, ist der Gewinn des Leidens und der Triumph um ein Vielfaches erhöht. Deswegen sperrt sich der masochistische Mensch so stark gegen eine korrigierende Einsicht.

Auch Medea – das ist das psychologisch Faszinierende an Euripides Darstellung – trägt unverkennbar masochistische Züge und verweist damit auf die Verbreitung dieser menschlich so tragischen Erlebnis- und Beziehungsform.

Daß der Masochismus besonders in der Verzweiflungsphase so häufig in Erscheinung tritt, erklärt sich zum einen aus der Schwere des Leids und zum anderen aus der beschriebenen Tatsache, daß die vorher nach außen abreagierte Aggression in dieser Phase stärker nach innen gerichtet ist. Denn letztlich kehrt sich die im Masochismus gebundene Aggression gegen die eigene Person. Das wird oft erst dann erkennbar, wenn nach der Trennung die anfängliche Zuwendung und Parteinahme der Umwelt allmählich erlahmt. Dafür gibt es hauptsächlich zwei Gründe: Erstens kann ein Dritter den Anblick eines fortgesetzten Leidens nur für einen begrenzten Zeitraum ertragen; und zweitens, was entscheidender ist, trifft die Verweigerung wirksamer Hilfe und das Beharren auf dem Leidenszustand auf wachsendes Unverständnis und löst zunehmend mehr Ohnmachtsgefühle in der Umwelt aus. Erst wenn auch die letzten Freunde sich zurückziehen, kann das selbstquälerische Alleinsein zur Hölle werden.

An dieser Stelle möchte ich etwas ausführlicher auf die von einer Scheidung oder Trennung betroffenen Kinder eingehen. Was ist das eigentlich Traumatische für sie? Der Verlust, die Trennung von einem Elternteil, wird gewöhnlich argumentiert; aber auch der Streit zwischen den Eltern, die tausend Spielarten, wie Kinder in den Streit hineingezogen werden, zum Beispiel bei der »Kreidekreissituation«, bei der beide Eltern das Kind mit Gewalt auf ihre Seite zerren wollen, oder der Mißbrauch der Kinder als Bündnispartner, als Partnerersatz und schließlich als Objekt im gerichtlichen Streit um das Sorgerecht. Alle diese Tatsachen sind hinlänglich bekannt und werden in der Literatur immer wieder beschrieben. Sie sind schrecklich genug, und ihre traumatische Wirkung soll hier nicht bestritten werden. Aber treffen sie das Problem? Nach meinen langjährigen beruflichen Erfahrungen mit Eltern und Kindern nach der Scheidung haben sich erhebliche Zweifel eingestellt. Ich glaube, die meisten Beschreibungen erfassen entweder nur Oberflächenphänomene, oder dort, wo sie die tiefenpsychologische Dynamik der Eltern-Kind-Beziehung berücksichtigen[25], stützen sie sich auf Beziehungsmuster, die mehr oder weniger ausgeprägt in jeder Familie anzutreffen sind; in der Scheidungssituation erfahren sie lediglich eine unterschiedlich akzentuierte Verschärfung.

Aber was ist das fundamental Neue und Furchterregende des Trennungsdramas für ein Kind? Der Verlust eines Elternteils, meist des Vaters, ist es nach meiner Einschätzung nicht. Erstens gehen Väter nur selten durch völligen Kontaktabbruch wirklich verloren – eine Reaktion, die sich in dem Maße ändern wird, wie die Normalität von Scheidungen gesellschaftlich und persönlich besser akzeptiert und konfliktfreier verarbeitet wird; zweitens, was wichtiger ist, behält das Kind in der Regel das frühe Objekt, die Mutter, als festen Bindungspol. Ich glaube, das eigentlich Traumatische, Verunsichernde und die Identitätsbildung des Kindes Gefährdende ist die unmittelbare Erfahrung von der Entfesselung archaischer Gefühlskräfte und der Entgleisung der seelischen Kontrollmechanismen bei den Eltern. Diese Erfahrungen beziehen sich auf alle drei Phasen der Trennung. Die Gefühlsstürme der Eltern, ihr Haß, ihre Gewalt, ihre Rache, ihr Neid, ihre Verzweiflung, ihre Tränen, ihre Resignation und Depression und das Unrecht und die Verletzungen, die sie sich wechselseitig zufügen, bedeuten für das Kind aus folgenden Gründen eine akute Bedrohung seines seelischen Gleichgewichts: Jedes Kind steht in seiner eigenen Entwicklung vor der schwierigen Aufgabe, seine zunächst noch ungeordneten und wilden Trieb- und Gefühlskräfte zu sammeln, sie zu koordinieren und in eine Struktur einzubinden, die ein Zusammenleben in der sozialen Gemeinschaft erst möglich macht. Bevor es genügend eigene innere Instanzen ausgebildet hat, die diesen Prozeß steuern, bedarf es der Außenwelt, in erster Linie der Eltern, die diese Aufgabe übernehmen. Wir sprechen hierbei von Sozialisation. Ihre primäre Voraussetzung beruht auf der menschlichen Fähigkeit zur Identifikation. Das Kind identifiziert sich mit den elterlichen Verhaltensweisen und ihren sozialen Normen und baut daraus seine eigene Identität auf. Dabei dient die innere Triebkontrolle der Herstellung von innerer und äußerer Harmonie. Die Entfesselung der elterlichen Triebkräfte und der Verlust ihrer eigenen Kontrollmöglichkeiten bringt daher für das Kind nicht nur eine unmittelbare Bedrohung der äußeren, sondern vor allem seiner inneren Harmonie mit sich. Wenn die steuernden Funktionen der Eltern entfallen und dem Kind die Möglichkeiten zur Identifikation genommen werden, gerät es in eine Krise, weil es jetzt wieder von den eigenen inneren Triebkräften überschwemmt wird. Die Verhaltensstörungen und psychisch auffälligen Reaktionen von Kindern nach einer Scheidung sind nur mittelbar durch die Trennung selbst bedingt; primär sind diese Veränderungen auf eine Erschütterung der inneren Balance bei der Regulation eigener Trieb- und Gefühlsvorgänge zurückzuführen. Es ist einleuchtend, daß die Schwere der Störung von dem Grad und der Dauer der elterlichen Entgleisung abhängt und davon, in welchem Stadium der Triebreife, d.h. in welchem Alter sich das Kind befindet.

In diesen Zusammenhang gehört auch die geläufige Beobachtung, daß besonders kleine Kinder immer wieder den sehnlichen Wunsch ausdrücken, die Eltern sollten wieder zusammenkommen. Es handelt sich hierbei sicher nicht um einen angeborenen Familientrieb im Sinne eines natürlichen Bedürfnisses nach beiden Eltern; dieses ist mehr gesellschaftlicher Natur. Das Entscheidende an dem Wunsch scheint mir zu sein, daß das Kind durch die Zusammenführung der Eltern zu seiner inneren Harmonie zurückfindet; seine Abwehrkräfte werden erneut stabilisiert und sein Chaos geordnet, wenn die Eltern ihre psychische Kontrolle wiedererlangt haben und sie als Identifikationsobjekte ihre steuernden Funktionen wieder aufnehmen können.

Der Wunsch nach der alten Ordnung ist in den Fällen besonders ausgeprägt, in denen durch den Aufruhr des Trennungsdramas die Interessen des Kindes zu kurz kommen oder sie sogar ausgesprochen vernachlässigt werden. Hierbei ist nicht nur der Liebesverlust für den Wunsch bestimmend, sondern das sich selbst überlassene Kind verliert auch die äußerlich notwendige Kontrolle über sein Gefühls- und Triebleben. Am eindrücklichsten läßt sich dieser Zusammenhang an den extremen Folgen der Trennung ablesen, der etwaigen Verwahrlosung und Kriminalität von Kindern und Jugendlichen. Diese Störungen werden nicht durch die Trennung an sich, sondern durch den Verlust eines kontrollierenden und strukturierenden Umfeldes verursacht. Das äußere Chaos der Eltern läßt das innere Chaos der Kinder grenzenlos und wild wuchern.

Die oft berechtigte Angst des Kindes, selbst zum Opfer der unkontrolliert herrschenden Gewalt seiner Eltern zu werden, bestimmen natürlich seinen Wunsch nach Wiederherstellung des Friedens mit. Dauererfahrungen dieser Art können zu einem tiefgreifenden Verlust an Vertrauen und Sicherheit führen. Das Mißtrauen und die Angst vor späteren Beziehungen, die man öfter bei solchen Kindern im Erwachsenenalter trifft, entstammen nicht nur der Angst vor der Wiederholung des Trennungstraumas, sondern wesentlich auch den Erfahrungen der inneren und äußeren Bedrohung durch die Intensität der entfesselten Gefühlskräfte.

Abschließend möchte ich noch einige Bemerkungen zum kindlichen Schuldgefühl machen. Man erlebt immer wieder, daß sich Kinder die Schuld für die Trennung der Eltern geben. Die allgemeine Auffassung, daß es sich hierbei um völlig unbegründete Schuldgefühle handelt, die man den Kindern nach Möglichkeit ausreden solle, ist unter psychologischen Gesichtspunkten irreführend und falsch. Nur in extremen Einzelfällen, z. B. beim Vorliegen einer starken körperlichen oder geistigen Behinderung, wird das Kind zur entscheidenden Ursache für das Scheitern der Partnerschaft. Schuldgefühle der Kinder sind in dieser Situation leicht erklärbar, zumal dann, wenn die Eltern entsprechende Vorwürfe offen oder unausgesprochen ausdrücken. Außerdem gibt es gelegentlich Ehen, in denen das Kind als Scheidungsgrund vorgeschoben wird. Auch hierbei sind die Schuldgefühle des Kindes dann verständlich. Aber in der Regel liegt der Grund für die kindlichen Schuldgefühle auf einer anderen, und zwar wesentlich tieferen Ebene: im Haß des Kindes auf die Eltern. Erwachsene, die das Kind durch die beschriebenen inneren und äußeren Bedrohungen ängstigen, die ihm die Identifikationsmöglichkeiten entziehen und die es in seinem Sinn für Gerechtigkeit und Loyalität (»zu wem von beiden soll ich halten?«) verletzen, ziehen unweigerlich ein hohes Maß an Vergeltungsaggression und Enttäuschungshaß auf sich. Andererseits appelliert das ganze Verhalten der Eltern an Mitleid, Verständnis, Anteilnahme und Hilfsbereitschaft des Kindes. Aus diesem Konflikt zwischen Mitleid und Haß entsteht das Schuldgefühl. In ihm ist der Haß gebunden, weil die Eltern, so hilflos und labil sie in der Situation selbst sind, den Haß gar nicht aushalten könnten; er würde sie noch mehr zerstören. Was liegt also für das Kind in dieser Konfliktsituation näher, als sich die Schuld für die Trennung zu geben? Die Schuld zu ertragen ist noch leichter als den Haß offen auszudrücken und seine Konsequenzen fürchten zu müssen. Die schrecklichste Konsequenz für das Kind in der Trennungssituation wäre es, durch weiteren Liebesverlust für seinen Haß bestraft zu werden.

Meine Überlegungen zu den Reaktionen des Kindes nach einer Trennung können leider für die betroffenen Eltern ein Anlaß sein, nun ihrerseits noch stärkere Schuldgefühle zu entwickeln. Das liegt in der Natur der Sache. Ich muß aber hier nicht noch einmal betonen, daß es bei der Beschreibung des Trennungsdramas nicht um die Erzeugung von Schuldgefühlen, sondern um ihren Abbau durch eine vertiefte Einsicht in die Zusammenhänge geht. So schmerzlich dies ist, so steht auch fest, daß nur durch eine emotional korrigierende und durchlittene Erfahrung in Verbindung mit mehr Wissen und Erkenntnis das Trennungstrauma bewältigt wird.

Die Depression

Wir erinnern uns: Bowlby bezeichnete die dritte Trennungsphase als »Gleichgültigkeit«. Andere Autoren sprechen von der Phase der »Resignation« oder wie Meierhofer und Keller vom »chronischen Verlassenheitssyndrom«. Alle kindlichen Reaktionen in dieser Phase sind Ausdruck einer Depression. Da ähnliche Symptome auch bei Erwachsenen nach einem schweren Trennungsverlust auftreten, erscheint mir diese Bezeichnung am sinnvollsten.

Eine 35jährige Frau kam wegen einer schweren Depression in meine Behandlung. Vor eineinhalb Jahren hatte sich ihr Mann von ihr und den beiden Kindern im Alter von fünf und sieben Jahren getrennt. Die Depression hatte sich im Verlauf des letzten halben Jahres so verstärkt, daß die Patientin sich immer häufiger krankschreiben lassen mußte und ihren Arbeitsplatz zu verlieren drohte. Verschiedene Psychopharmaka konnten auch in steigender Dosierung ihre Symptomatik nicht bessern.

Als ich die Frau kennenlernte, wirkte sie äußerlich vernachlässigt, fast ungepflegt, hatte einen apathischen Gesichtsausdruck und sprach mit leiser und monotoner Stimme. Im Vorgespräch beschrieb sie ihre Depression folgendermaßen:

»Ich wollte eigentlich nicht kommen. Ich glaube nicht, daß eine Psychotherapie mir hilft. Aber das Bezirksamt wird mir kündigen, wenn ich keine Behandlung mache. Das wäre mir auch egal, aber ich muß ja meine Kinder ernähren.«

Sie sitzt mir teilnahmslos gegenüber und macht eine längere Pause.

Schließlich sage ich: »Sie wirken sehr traurig auf mich. Vielleicht versuchen Sie einfach mal zu schildern, wie Sie sich zur Zeit fühlen.«

»Ich fühle mich gar nicht. Ich habe keine Kraft mehr. Alles kommt mir so sinnlos vor. Sehen Sie mich an, wie ich aussehe. Früher war das anders, aber es interessiert mich nicht mehr. Wie soll ich mich pflegen, wenn ich noch nicht einmal die Kinder richtig versorgen kann?«

Ich frage nach dem Grund für die Verschlechterung ihres Zustandes.

»Ich weiß es nicht. Es kam einfach so. Mit der Zeit wurde es immer schlimmer. Aber ich kann mir auch keine Gedanken mehr machen.«

Wegen ihrer Bemerkungen über die Kinder frage ich sie, ob sie geschieden sei – sie hatte es bisher nicht erwähnt.

»Ja, aber das ist schon lange her. Das hängt mit meiner Depression bestimmt nicht zusammen!«

Erst in der Therapie erfuhr ich dann Näheres über die Scheidung und den Zeitpunkt der Trennung. Ein Jahr lang hatte die Patientin eine sehr dramatisch verlaufende Protest- und Verzweiflungsphase durchlaufen. Danach kam es durch eine einvernehmliche Unterhalts-, Sorgerechts- und Besuchsregelung zu einer scheinbaren Befriedung. Es brauchte in der Therapie längere Zeit, bis die Patientin einen Zusammenhang zwischen der Trennung und ihrer Depression gefühlsmäßig wieder zulassen konnte.

Freud beschreibt in der Arbeit »Trauer und Melancholie« eine Reaktion nach dem Verlust einer geliebten Person, die uns an die subtile Beobachtung von Bowlby erinnert, daß Kinder nach längerer Trennung ihre Mutter nicht mehr wiederzuerkennen scheinen und jeden Körper- und Gefühlskontakt gleichgültig ablehnen. Freud nimmt nach Therapieerfahrungen mit Erwachsenen an, daß in der Depression jede gefühlsmäßige Verbindung mit dem verlorenen Partner abgerissen ist. Aber diese Unterbrechung sei nur äußerlich erfolgt. In Wirklichkeit habe der Betreffende das verlorene Objekt nicht aufgegeben, sondern durch eine unbewußte Identifizierung nach innen verlagert. Dies sei besonders dann der Fall, wenn es sich in der Partnerschaft nicht um die Beziehung autonomer und erwachsener Personen gehandelt habe, sondern in der durch eine narzißtische Partnerwahl das eigene Selbstbild gestützt werden sollte. Wenn man den für die Depression typischen und teilweise grotesken Selbstvorwürfen der Patienten geduldig und lange genug zugehört habe, werde deutlich, daß es sich bei den Klagen eigentlich um Anklagen gegen das verinnerlichte Objekt handele. Das bedeutet, daß in der Depression nach den beiden ersten Trennungsphasen der Kampf mit dem Objekt nach innen verlagert wurde.

Menschen, die sich durch eine stärkere Aggressionsgehemmtheit und durch ein strenges, moralisches Über-Ich auszeichnen, überspringen oft die ersten beiden Phasen und entwickeln statt dessen unmittelbar nach dem Objektverlust eine Depression. Sie quälen sich mit Schuldgefühlen und Selbstanklagen und machen sich allein für das Scheitern der Beziehung verantwortlich. Erst wenn man sie auf die Einseitigkeit und Übertreibung in ihrer Bewertung der Situation aufmerksam macht, können sie die verdrängte Enttäuschung und Wut auf den anderen zulassen.

Wie bei der geschilderten Patientin findet man solche für die Depression typischen Fehleinschätzungen auch noch nach der durchlebten Protest- und Verzweiflungsphase.

Wie auch immer man Freuds Theorie über das verinnerlichte Objekt nach Trennungsverlust, die die Fehleinschätzung der Realität erklären soll, bewerten mag – zutreffend ist sicher seine Beschreibung, daß der Verlassene in der Depression alle gefühlsmäßigen Energien vom verlorenen Objekt und auch von der weiteren Außenwelt zurückzieht. Nach langem Kampf, Schmerz und Verzweiflung scheinen alle körperlichen und seelischen Kräfte verbraucht zu sein. Körperlich drückt sich dieser Zustand in Kraftlosigkeit, extremer Ermüdbarkeit und dem Gefühl allgemeiner Erschöpfung aus. Entsprechend verläuft diese Phase im

Unterschied zu den früheren nach außen hin ruhiger. Dadurch entgeht sie oft der Umwelt, zumal dann, wenn sie mit vielen Kontaktabbrüchen verbunden ist. Der Depressive wird auf sich allein zurückgeworfen. Die von meiner Patientin geschilderten Gefühle von Sinnlosigkeit, Aktivitäts- und Interessenverlust ergänzen die genannten Schuldgefühle und Selbstanklagen. Hinzu kommt eine oft extreme Verarmung der Selbstachtung. Die Überzeugung, in der Partnerschaft versagt, viele Fehler gemacht und die Kinder nicht richtig versorgt und geliebt zu haben, kann sich zum Gefühl absoluter Wertlosigkeit und zum Verlust jeder Hoffnung steigern. Die wachsende Lähmung des Lebenswillens erinnert dann an den bereits zitierten »Totstellreflex«, der in manchen Schilderungen von Verlassenen wörtlich so genannt wird. Allerdings ist der Begriff in diesem Zusammenhang ungenau. Der Totstellreflex ist die instinktgebundene Abwehr einer existentiellen Bedrohung und dient somit der Lebenserhaltung. In der Depression als Folge eines Trennungsverlustes wird das eigene Leben dagegen nicht mehr als etwas Schützenswertes erlebt – es kann auch verlorengehen.

In dieser Phase steht daher nicht wie vorher das Gefühl im Vordergrund, »entwurzelt« zu sein, sondern das Gefühl »tot« zu sein. Deswegen endet diese Phase tragischerweise so häufig in Selbstmorden und Selbstmordversuchen. Im Unterschied zu den beiden ersten Phasen ereignen sie sich in der Depression oft deswegen überraschender und entschlossener, weil sie paradoxerweise in der Besserungsperiode auftreten. In ihr kehrt nämlich die notwendige motorische und willensmäßige Energie, den Selbsttötungsimpuls durchzusetzen, eher zurück als die Aufhellung der depressiven Gefühlslage.

Dieser Hinweis ist in einer Zeit von besonderer Wichtigkeit, in der der Psychoboom das Heer der Alleingelassenen und Trauernden in immer größeren Scharen anzieht. Besonders in der Szene der Schamanen, Heiler, Rückführer und Körpertherapeuten, die sich bestimmter Elemente der nordamerikanischen Gestalttherapie und Bioenergetik bedienen und sie mit Psychotechniken aus dem esoterischen Spektrum verbinden, werden immer mehr sogenannte Trauerseminare und Trauerworkshops angeboten. Durch die suggestive Mischung aus Körpererfahrung, Meditation, Gestaltübungen und Ritualen wird die dabei notwendige und schutzbietende Abwehr der Teilnehmer oft auf eine radikale Weise aufgebrochen und Gefühlsstürme von nie gekannter Intensität freigesetzt. Wer auf diesem Weg Erkenntnis, Befreiung und Veränderung sucht, wird neue und tiefgreifende Erfahrungen machen. Eine Gefahr besteht allerdings bei wenig qualifizierten und erfahrenen »Therapeuten« und bei unkontrollierter und unausgewählter Teilnahme besonders für solche Gruppenmitglieder, die unter einer Trennungsdepression leiden; diese wird von vielen Betroffenen oft gar nicht als solche erkannt. Die bei der »Trauerarbeit« mobilisierte »Energie«, die ja in solchen Trainings besonders angesprochen wird, bricht dann oft schneller auf als die depressive Gefühlsstimmung. Da die Workshops zudem in der Regel auf ein Wochenende, in Ausnahmefällen auf eine Woche begrenzt sind und meistens weitab vom Wohnort stattfinden, ist die Zeit zu kurz, ausgelöste Katastrophen aufzufangen. Der Teilnehmer kehrt alleine nach Hause zurück; dort ist keiner mehr zuständig. Der Sturz in den Abgrund wird auf diese Weise vorprogrammiert.

Was ist nun der Grund für die Selbstaufgabe, für den Verlust des eigenen Ich? Warum vermag das verlorene Objekt zu einer so umfassenden Zerstörung der gesamten Person zu führen? Zur Beantwortung möchte ich eine Passage aus der Analyse der schon erwähnten depressiven Patientin wiedergeben, die in das erste Jahr der Behandlung fällt.

Zur Biographie wußte ich bereits, daß sich die Eltern der Patientin durch die Kriegs- und Nachkriegswirren auseinandergelebt hatten. Anfang der fünfziger Jahre – die Patientin war ein Jahr alt – setzte sich der Vater nach Amerika ab. Von da an waren jede finanzielle Unterstützung und jeder Kontakt abgebrochen. Die Patientin hatte zwei ältere Geschwister. Die Mutter geriet, um die Kinder versorgen zu können, in der Zeit des »Wirtschaftswunders« in etwas anrüchige Kreise und war nachts meistens abwesend.

Die Patientin sprach in dem hier berichteten Zeitraum viel über ihre quälenden Selbstmordgedanken. In einer Stunde, in der ich die Gefahr für besonders groß hielt, frage ich sie, welche Gedanken sie sich über ihre Kinder mache, wenn sie sich wirklich umbringen wolle. Sie sagt:

»Ihre Frage zeigt, daß Sie ein solches Gefühl noch nie erlebt haben. Ich will es Ihnen sagen: Meine Kinder sind mir gleichgültig, in der Situation denke ich überhaupt nicht an sie, weil ich dann kein Gefühl mehr für sie habe.« »Und denken Sie an Ihre Mutter?« »Meine Mutter? Sie ist mir noch gleichgültiger. In der letzten Zeit, in der wir über sie sprachen, ist mir klar geworden, daß meine Depression mehr mit ihr als mit meinem Mann zusammenhängt. Sie wissen, wie sehr ich sie geliebt habe. Ich habe sie geradezu idealisiert, wie später meinen Mann. Aber ich glaube, das habe ich nur getan, um sie nicht hassen zu müssen. Sie hat uns doch immer alleingelassen, schon als wir ganz klein waren. Und später hat sie mich immer fertiggemacht, sicher, weil ich meinem Vater ähnlich sah. Ich sei dumm, faul und häßlich und würde bestimmt später auf dem Strich landen.« »Vielleicht wollen Sie gar nicht sich selbst umbringen, sondern am liebsten Ihre Mutter.«

Die Patientin schweigt. Dann bricht sie in ein heftiges Schluchzen aus – das erstemal nach der lange zurückliegenden Verzweiflungsphase. Die Auflösung ihrer Erstarrung war der Anfang der Heilung.

Ich fasse hier kurz zusammen, wie man die Szene und die Depression der Patientin nach dem weiteren Verlauf der

Analyse deuten kann: Wie wir schon an früherer Stelle sahen, ist die Idealisierung tatsächlich ein verbreiteter Abwehrmechanismus gegen eine oft mörderische Aggression. Mit ihr rettet sich das Individuum und speziell das Kind davor, durch seinen Haß das andere Objekt, hier die Mutter, zu zerstören. Durch die Zerstörung würde das Objekt ganz verlorengehen, und das käme einer Selbstaufgabe gleich. Die Idealisierung erhält dagegen die Mutter als Liebesobjekt. Andererseits ist klar, daß eine starke Idealisierung zu einer extremen Abhängigkeit auf Kosten der eigenen Selbstentfaltung führt, weil man sich den Erwartungen des Objektes voll unterwirft und sich ihm anpaßt. Hinzu kommt bei der Patientin, daß die frühen Trennungserfahrungen zu schweren Verlusterlebnissen geführt haben, die im Sinne eines »chronischen Verlassenheitssyndroms« erhebliche Lücken in der eigenen Selbst-Entwicklung und im Aufbau einer eigenen Identität hinterließen. Die dadurch wenig ausgereifte Persönlichkeit der Patientin wurde später durch die diskriminierenden Herabsetzungen weiter unterminiert. Für Kinder und Jugendliche bedeuten solche Kränkungen ihres Narzißmus schwere Einbußen in ihrem Selbstgefühl. Die Idealisierungen wurden für die innerlich geschwächte Patientin zur einzigen Möglichkeit, einen Halt in der Mutter zu finden.

In der späteren Beziehung zu ihrem Mann wiederholte sie die Idealisierung und erlangte dadurch eine gewisse Stabilität. Die gleiche Funktion bekamen später auch ihre Kinder. Es ließ sich rekonstruieren, wie sehr sie die beiden geliebt und idealisiert hatte und innere Sicherheit durch sie gewann. Dahinter war aber auch der verdrängte Haß auf die Kinder unverkennbar, weil sie ihr nicht nur in der Ehe die Kindrolle streitig machten und ihren Neid provozierten; auch von ihrer Mutter, der Großmutter, die sich inzwischen sozial und persönlich stabilisiert hatte, wurden die Kinder so geliebt und verwöhnt, wie die Patientin sich das immer für sich gewünscht hatte.

Die hier geschilderten Zusammenhänge sind keinesfalls selten. In einer Analyse lassen sie sich nur klarer herausarbeiten. Sie erklären auch, warum ich am Schluß der geschilderten Szene die provozierende Deutung über die Beziehung zwischen Mord und Selbstmord gemacht habe. Die Entdekkung Freuds, daß hinter jedem Selbstmord auch ein verhinderter Mord steckt, ist rein theoretisch inzwischen allgemein bekannt. In der persönlichen Situation der Analyse löst aber diese Erkenntnis eine heftige Erschütterung aus, weil damit das Gebäude der Idealisierungen, die einen ein Leben lang scheinbar getragen haben, endgültig zusammenbricht. Dabei kommt es zu einer Überflutung durch den bisher verdrängten Haß, der oft nur im Schutz der Therapie ertragen und verarbeitet werden kann. Für viele ist es der einzige Weg, um das ausgehöhlte, »tote« Ich wieder lebendig zu machen und eine eigene Identität aufzubauen.

Jetzt werden auch die für die Depression so charakteristischen Schuldgefühle verständlicher. Sie entstammen dem Haß, der bei der Patientin nach der Protest- und Verzweiflungsphase wieder völlig verdrängt worden war, weil ihr Ich zu schwach war, ihn länger zuzulassen und ihn schließlich zu integrieren, um ein eigenes Leben aufbauen zu können. Statt dessen löste der durch die Trennung verursachte Vergeltungshaß Schuldgefühle aus, die gegen das eigene Ich gerichtet wurden. Die Schwächung des Ich mündete in den depressiven Zusammenbruch, weil die Patientin nicht nur den Verlust des Partners erleiden, sondern auch die Möglichkeiten zur Idealisierung aufgeben mußte. Erstaunlich ist, daß sie überhaupt die Kraft für die Protest- und Verzweiflungsphase aufgebracht hatte. Darin läßt sich ein prognostisch günstiger Hinweis auf Ich-Kräfte sehen, die von der Schwere der Erkrankung zunächst verdeckt waren. So war auch der Behandlungsverlauf günstiger als erwartet. Die Patientin zog ein Jahr nach Abschluß der Therapie mit einem Mann zusammen und verfügte jetzt unter Verzicht auf übertriebene Idealisierungen über eine realistische Einschätzung von Personen und Situationen. Indem sie Ambivalenzspannungen besser ertrug, konnte sie in Konfliktsituationen eigene Interessen in Beruf und Familie besser durchsetzen.

Die Trennungsdepression, so läßt sich zusammenfassen, scheint einem vierfachen Verlust zu entstammen. Der erste Verlust ist die Trennung von einem äußeren Partner. Der zweite Verlust erfolgt durch den Zusammenbruch von Idealisierungen, die bisher die Stabilität des Ich garantiert haben. Die Kombination beider Erfahrungen aktiviert frühe Trennungserlebnisse mit dem verinnerlichten und idealisierten Objekt, der Mutter. Auch dieses bisher nur scheinbar schützende, aber letztlich instabile Objekt scheint unter dem Einfluß des doppelten Verlustes jetzt aufgegeben zu werden. Das bedeutet den dritten Verlust. Damit ist der vierte Verlust vorgebahnt, die Aufgabe des eigenen Selbst bis zur totalen Selbstauslöschung. In ihr hat sich der mörderische Haß endgültig zum suizidalen Selbst-Haß verwandelt.

Diese Interpretation modifiziert die Annahme Freuds über das Wesen der Depression. Sie berücksichtigt neuere Theorien in der Narzißmusforschung, auf die hier jedoch nicht näher eingegangen werden soll. Freuds Annahme, wie er selbst einräumt, und die hier vertretene sind vorläufiger Natur, um sich schrittweise dem Verständnis der bis heute ungeklärten und ebenso geheimnisvollen wie unheimlichen Vorgänge bei der Depression anzunähern.

Liebe, Trennung und Tod

Wir haben bis hierher einen weiten Bogen verfolgt, der sich von der Urtrennung der Geburt über die verschiedenen lebensgeschichtlichen Trennungserfahrungen bis zum Trennungsverlust in Ehe und Partnerschaft spannt. Der Tod als äußerste Konsequenz der Trennung hat uns dabei ständig begleitet. Trennung in ihrer ursprünglichen Bedeutung von »zerreißen« und »vernichten« schließt den symbolischen oder realen Tod ein. Die Trennung bei der Geburt zerreißt die primäre Einheit mit der Mutter. So steht am Anfang des Lebens der Tod – der Tod der Einheit.

Auch die Trennung einer Partnerschaft enthält dieses Todeserleben, das Zerreißen einer Einheit. Erst sekundär bedeutet für das Kind wie für den Erwachsenen die Trennung auch die Aufforderung zum Leben, zur Individuation. Beide müssen sich ihre individuelle Befreiung mühsam erkämpfen.

Trennung und Tod gehören in ihrer engen Verwandtschaft zu den mythischen Themen der Menschheitsgeschichte. Ihnen entstammen viele Ängste des modernen Menschen, weil für ihn, wie ich an früherer Stelle ausgeführt habe, immer mehr Erfahrungen von Einheit verlorengegangen sind.

Das andere mythische Geschwisterpaar sind die Liebe und der Tod. Die Weltliteratur einschließlich der Mythen und Märchen spiegelt den tragischen Zusammenprall beider Prinzipien in vier unterscheidbaren Variationen. Die verbreitetste zeigt die Zerstörung der Liebe durch äußere Gewalt, z.B. durch einen Dritten oder durch Kriege. Der Tod eines oder beider Liebenden fällt dabei meistens mit dem Höhepunkt der Verliebtheit zusammen. Ein bewegendes Beispiel hierfür ist Hemingways Roman »Wem die Stunde schlägt«. Nach einer Brückensprengung im spanischen Bürgerkrieg opfert sich Robert im Widerstand gegen nachrückende Truppen auf, um das Leben seiner Geliebten, Maria, und einiger Partisanen zu retten.

In einer zweiten Variante wird der Verzicht auf die Liebe durch äußere Mächte erzwungen. Die Liebenden heben die Trennung auf, indem sie sich im Doppelselbstmord vereinigen. Der Liebestod von »Romeo und Julia« ist hierfür das bekannteste Beispiel.

Eine dritte Variante ist die freiwillige Aufgabe der Liebe aus gesellschaftlichen, politischen oder religiösen Zwängen. Wie der Psychoanalytiker Igor Caruso an vielen Beispielen dargestellt hat, besteht auch hierbei eine hohe Todesnähe durch gehäufte Selbstmorde.

Ich vermute, daß die tränenrührende Faszination des Kultfilms »Casablanca« von Michael Curtiz, mit Humphrey Bogart und Ingrid Bergman, u.a. von der idealistischen Lösung des Konfliktes ausgeht: Der Verzicht auf die Liebe aus politischen Gründen endet hier nicht in der Zerstörung der Personen. Dadurch wird beim Zuschauer die Illusion erweckt, daß die Unausweichlichkeit der Dialektik von Liebe und Tod aufhebbar sei.

Die vierte, hier speziell interessierende Variante ist die Zerstörung der Liebe durch Gewohnheit, Dauer und unterschiedliche Lebensentwicklungen, die schließlich zur Trennung führen. Auch der Tod der Liebe führt, wie der Liebestod, wenn auch nicht mit der gleichen Zwangsläufigkeit, in die gefährliche Nähe von Selbstmord und, in Ausnahmefällen, von Mord. Davon war schon ausführlich die Rede.

Alle vier Variationen kreisen um das gleiche Grundthema – die Endlichkeit jeder Liebe. Dabei scheint ein mythisches Gesetz den engen Zusammenhang zwischen der Intensität der Liebe und der Nähe zum Tod zu bestimmen. Es ist, als wenn die Liebe an ihren Widerständen wächst, als wolle sie den Tod überwinden; auf dem Höhepunkt aber fällt sie mit dem Tod zusammen.

Diese mythische Dimension des Themas könnte bedeuten, daß in der »verzehrenden« Liebe das Ich durch die Verschmelzung mit dem Du aufgehoben wird, um die ersehnte Einheit zu erreichen. Da diese an der Realität scheitert, kann sie sich nur im Tod erfüllen. Das verlorene Paradies zeigt am Beispiel von Adam und Eva den Verlust der Einheit von Mann und Frau, deren Vorläufer die Einheit von Mutter und Kind ist. Die Geburt hat sie unwiederbringlich gemacht. So birgt jede Liebe von Beginn an das Element der Trennung schon in sich wie die Trennung das Element des Todes. Liebe und Tod sind auf diese Weise durch die existentielle Erfahrung der Trennung unauflöslich miteinander verbunden.

Was bedeuten diese Überlegungen für das Trennungsdrama nach der Scheidung? Die Gefühlslage beider Partner ist in der Regel ungleich. Die Liebe des Verlassenen ist stärker. Von dieser Regel gibt es viele Ausnahmen: Der Verlassene hat seine Liebe schon früher verloren und durch seine Enttäuschung darüber die Gefühle des Partners zerstört; oder beide Partner lieben sich nicht mehr, aber dem Verlassenen fehlt der Mut zur Trennung; oder die Trennung löst bei dem Verlassenen Gefühle aus, die er mit Liebe verwechselt, z.B. Sehnsüchte nach Schutz und Geborgenheit, Anklammerungsbedürfnisse oder Verlassenheitsängste. Paare, die sich im gegenseitigen Einverständnis trennen, weil sie den Verlust ihrer Liebe in gleicher Weise erleben, bilden die Ausnahme. Entscheidend für unsere Überlegungen soll die Ungleichheit in der Gefühlslage beider Partner sein.

Wie sieht unter dieser Voraussetzung der Zusammenhang von Liebe, Trennung und Tod aus? Für den Verlassenen bricht, so sagen wir, »eine Welt zusammen«. Wir haben gesehen, wie in den einzelnen Trennungsphasen das Ich schrittweise »abgehäutet« und »verzehrt« wird, wie es zur Depression hin in dem Gefühl »ich bin tot« immer mehr stirbt, bis im Selbstmord der Tod die Trennung endgültig besiegelt. Es ist der äußerste Punkt, an dem die Liebe durch den Tod aufgehoben wird. Vielleicht kann sie nur so getötet werden. Die Trennung hat also eine Art Liebestod verursacht.

Es ist merkwürdig, daß in der Scheidungsliteratur diese Tatsache kaum berücksichtigt wird. Dort findet man lediglich ein Gefühl beschrieben, das sich auf den Partner bezieht, das Gefühl nämlich, dieser sei nach der Trennung »gestorben«. Aber erst wenn wir begreifen, daß der Verlassene den existentiellen Zusammenhang von Liebe, Trennung und Tod für sich verarbeiten muß, wird uns auch seine Gefährdung einfühlbar, am Zusammenprall dieser drei Prinzipien zu zerbrechen.

Zur Veranschaulichung möchte ich noch einmal die Behandlung der depressiven Patientin aufgreifen. Wir haben gesehen, daß sie in einer stark idealisierenden Liebe an ihre Mutter gebunden war, die sie später auf ihren Mann übertragen hatte. Diese Form der Liebe bestand bis kurz vor der Trennung, von der die Patientin »wie von einem Blitz« getroffen wurde. Sie hatte keinen Anlaß, an der Verläßlichkeit und dem Bestand der Ehe zu zweifeln, bevor ihr Mann in einem Gefühl »stürmischer Verliebtheit« in kürzester Zeit zu einer anderen Frau zog. Der Mann war durch diese plötzliche Entwicklung, der er wie unter einem Zwang nachgab, selbst sehr überrascht. Dieser Verlauf ist übrigens charakteristisch für Paare, die sich in einem wechselseitigen Harmoniebedürfnis stabilisieren. Die unbewußten Konfliktspannungen entladen sich dann oft erst in dem unvermittelten Ausbruch eines Partners.

Die Patientin magerte in den ersten Monaten nach der Trennung regelrecht ab, und zwar in einem fast lebensbedrohlichen Zustand. In diesem Symptom, so ließ sich in der Therapie rekonstruieren, steckte bereits ein erstes Anzeichen für den drohenden Zusammenbruch ihres Lebenswillens.

In einer Stunde sprachen wir über die Liebe zu ihrem Mann und über die Wandlung, die dieses Gefühl seit der Trennung erfahren hatte. »Ja, ich habe ihn geliebt, bis er wegging; er war für mich alles; ich bewunderte ihn für seine Fähigkeiten und seinen beruflichen Erfolg.«

»Und nach der Trennung?«

»Ich habe ihn gehaßt, es war furchtbar; ich wußte nicht, zu wieviel Haß ich fähig bin. Ich entwickelte eine panische Angst vor Messern. Denn am liebsten hätte ich ihn umgebracht; danach wollte ich die Kinder töten und zuerst mich. Ich hatte das Gefühl, für alle ist das Ende gekommen.«

»Wenn Sie sich zuerst getötet hätten, wäre es sicher schwierig geworden, Ihren Mann und die Kinder auch zu töten«, sage ich etwas scherzhaft.

»Wieso zuerst?«

»Das haben Sie gesagt.«

»Komisch.«

Die Patientin denkt eine Weile über die Fehlleistung ihres Versprechers nach und sagt dann: »Ja, natürlich. ›Zuerst‹ ist richtiger als ›zuletzt‹. Meine Liebe stand plötzlich vor einem Abgrund. Die Trennung hatte uns auseinandergerissen. Eigentlich interessierte mich schon nach kurzer Zeit nicht mehr, was auf der anderen Seite des Abgrunds geschah. Der Abgrund war der Tod. Ich brauchte mich nur fallenzulassen, dann hätte auch dieses furchtbare Gefühl der Liebe aufgehört.«

Die Patientin hat damals ihre Todessehnsucht wahrscheinlich nur deswegen überstanden, weil ihr Haß noch groß genug war, der sie mit ihrem Mann verband. Solange man hassen und den Haß auf eine andere Person lenken kann, so lange wendet er sich nicht gegen einen selbst. Später in der Depression war die Todesnähe der Patientin sehr viel größer, aber der Impuls zum Selbstmord wurde gleichzeitig gelähmt.

Der Haß, so scheint es, bekommt in der Realität die Funktion, den mythischen Zusammenhang von Liebe, Trennung und Tod aufzuheben. Damit wird er zu einem Prinzip des Überlebens. Die Auffassung vom Haß als einer lebenserhaltenden Kraft steht im Widerspruch zu der allgemeinen Verurteilung dieses Gefühls. Aber die alltägliche Erfahrung über das Ausmaß des entfesselten Hasses aus enttäuschter Liebe drängt eine solche Erklärung geradezu auf. Wo der Haß vollständig der Liebe verfällt, kann der Tod wieder in sein Recht treten.

Ich glaube, daß wir es hier mit Kategorien menschlichen Erlebens zu tun haben, die, ohne daß wir es ahnen, unser Leben unbewußt stark beeinflussen. Die Vergänglichkeit der Liebe als Realität zu akzeptieren ist mit einer schweren narzißtischen Kränkung verbunden. Ebenso wie bei der Realität des Todes. Der Narzißmus strebt nach Ewigkeit. Um den Menschen für diese Kränkung zu entschädigen, bieten die Religionen ersatzweise das »ewige Leben« und die »ewige Liebe« in einem »Leben nach dem Tod« an. Nur der Glaube hilft uns – und das ist eine seiner Aufgaben – unsere aus der Kränkung entstandene Enttäuschungswut und unseren Haß zu überwinden.

Eine Trennung wird letztlich vielleicht deswegen zu einem so schmerzhaften Erlebnis, weil sie uns die Grenzen unseres Narzißmus aufzeigt. Mit jeder Trennung geht ein weiteres Stück Leben verloren.

Das Selbsterleben »ich bin tot« ist die eine Seite der Trennungserfahrung. Auf der anderen Seite steht das bereits genannte Gefühl: »es ist, als ob der Partner gestorben sei«. Es erscheint mir wichtig, sich auch die Hintergründe dafür klarzumachen.

Zunächst überrascht uns dieses häufig nach einem Partnerverlust geäußerte Gefühl, denn die Unterschiede zwischen einer Trennung und dem realen Tod des Partners sind offensichtlich. Bei seinem Tod, z.B. durch Krankheit oder Unfall, erfolgt die Trennung meist ohne Schuldbeteiligung des Hinterbliebenen. Ein »Trennungsdrama« findet nicht statt, sondern der Verlassene macht sehr unmittelbar einen Trauerprozeß durch. Der Partnerverlust durch Trennung erspart einem dagegen weder das Trennungsdrama noch die weitere Existenz des Partners, an den man, besonders im Fall von gemeinsamen Kindern, in einer veränderten Beziehung auch real weiter gebunden bleibt. Daß der Partner im Grunde verfügbar »wäre«, wird oft als noch peinvoller empfunden als die Vorstellung seines Todes. Dann nämlich wäre er auch für die Liebe eines andern nicht mehr zugänglich. Warum entwickelt sich trotzdem das Gefühl, der Partner sei gestorben?

Dieses Gefühl setzt meistens erst nach der Protest- und Verzweiflungsphase ein, dann also, wenn die Energien immer mehr vom Partner abgezogen und nach innen verlagert werden. Das dann einsetzende Gefühl »er könnte auch tot sein« oder »der/sie ist für mich wie gestorben« bedeutet, daß das Objekt auch dem inneren Erleben verlorengegangen ist. Wir erinnern uns an die Beobachtungen von Bowlby aus der dritten Trennungsphase, in der die Kinder die Mutter nicht wiedererkennen und keinen körperlichen Kontakt mehr mit ihr aufnehmen. Dieser Umstand dürfte damit zusammenhängen, daß bei den Kindern die inneren Mutterbilder erloschen sind. Sie sind elementar notwendig, damit die Mutter erkannt und mit den früheren Gefühlen der Liebe und des Vertrauens wieder besetzt werden kann. Auch bei Erwachsenen sind uns entsprechende Erfahrungen geläufig. Der Partner, von dem man sich getrennt hat, wird bei einer späteren Wiederbegegnung in der Regel als »fremd« erlebt. Die Vorstellung zum Beispiel, mit ihm wieder eine körperliche Nähe herzustellen, läßt einen gleichgültig. Wir können daraus schließen, daß auch hier die inneren Bilder – an früherer Stelle sprachen wir von den Wurzeln –, die einen ursprünglich an den Partner banden, ausgelöscht sind. Das Gefühl »er/sie ist gestorben« bedeutet also, daß in einem selbst etwas gestorben ist, und zwar die inneren Bilder des Partners. Das ist der Unterschied zwischen dem Gefühl »ich bin tot« und »er/sie ist tot«. Im ersten Fall ist ein Stück vom eigenen Selbst verlorengegangen, im zweiten Fall das verinnerlichte Objekt.

Diese Unterscheidung ist von großer Bedeutung. Denn wir wissen, daß die inneren Objekte die wichtige Aufgabe erfüllen, das eigene Ich und das Gefühl von sich selbst zu stärken. Die Trennung löst daher einen zweifachen, schweren Verlust aus – in der Fachsprache ausgedrückt: einen Selbstverlust und einen Objektverlust. Das macht die eigentliche Nähe von Trennung und Tod aus.

Erst auf diesem Hintergrund wird die tiefere psychologische Bedeutung der anfänglichen Aussage verständlich, warum die Trennung einer Partnerschaft als das Zerbrechen einer Einheit erlebt wird. Die äußerliche Zweiheit verwandelt sich zur Einheit, indem jeder in sich selbst eine Welt errichtet, in der er eigene Anteile mit denen des anderen verschmilzt. Auf diese Weise läßt sich in einer Partnerschaft ein Paradies wiederherstellen, das ursprünglich verlorenging – zuerst durch den Sündenfall, später durch die Geburt. Die Trennung reißt das Paradies erneut auseinander und öffnet die Tore zum »Abgrund«, wie es meine Patientin in einem Bild ausdrückte.

In diesem Zusammenhang erscheint mir noch ein Hinweis auf die Spätfolgen des frühen Mutterverlustes und häufiger Trennungserfahrungen in der Kindheit wichtig. Das Kind, das die Mutter nicht wiedererkennt, hat die frühen inneren Bilder von ihr ausgelöscht. Es ist dadurch unfähig geworden, Kontakt zu ihr aufzunehmen. Die spätere Untersuchung solcher Kinder hat gezeigt, daß sie in einem höheren Alter und als Jugendliche nicht in der Lage sind, tiefe emotionale Gefühle für andere Menschen zu empfinden und enge Beziehungen einzugehen. Solche Schwierigkeiten finden wir auch bei vielen Erwachsenen nach frühen und schweren Trennungserlebnissen wieder. Ihr Rückzug und ihre Kontaktlosigkeit drücken die Schwierigkeit aus, innere Bilder von anderen Menschen in sich aufzunehmen, über die sie die Beziehung zu ihnen herstellen könnten. Zwischen ihnen und den anderen liegen Abgründe an Fremdheit. Dadurch bleibt ihre Liebesfähigkeit erheblich eingeschränkt oder wird erst gar nicht entwickelt. So können sie sich auch vor neuen Trennungstraumen schützen. Ihr Ich hat sich von den verinnerlichten und stützenden Bildern der Objekte unabhängig gemacht. Das macht ihre Einsamkeit, ihre Fremdheit, ihre scheinbare Unabhängigkeit und ihr tiefes Mißtrauen aus.

Dieser Charakterpanzer wird nicht zufällig in unserer Zeit der Entfremdung zum Heldentum umstilisiert. Ob in der Politik, auf der Leinwand oder in anderen Einrichtungen unserer Kultur bietet sich der Typ des einsamen Helden zur Identifizierung an, um den immer wiederholten kleinen und großen Schmerzen von Trennung und Abschied zu entgehen.

Umgekehrt können wir sagen, daß Liebe nur da möglich ist, wo die Fähigkeit entwickelt werden konnte, den anderen als Person in sich aufzunehmen. Partner, die das nicht vermögen, bleiben zeitlebens durch Fremdheit getrennt. Liebe ist die Fähigkeit, eine innere Einheit mit dem Partner zu schaffen.

Die extreme Variante auf der anderen Seite der Fremdheit ist eine Liebe, die das Objekt vollständig in sich aufnimmt, es quasi verschlingt, um das eigene defizitäre Selbstgefühl durch innere Objektbilder zu ersetzen und lebensfähig zu erhalten. Dabei wird das äußere Objekt kaum noch in seiner Eigenständigkeit wahrgenommen; es verliert seine Bedeutung als autonomes und getrenntes Subjekt. Diese unreife

Form der Partnerbeziehung muß, ähnlich wie bei der depressiven Patientin, zwangsläufig zur Katastrophe führen, wenn durch eine Trennung der Verlassene der inneren stabilisierenden Bilder vollständig beraubt wird. Hier kann die Trennung sehr schnell die Selbst-Auflösung bis zum Tod durch Selbstmord nach sich ziehen.

Der mythische Einfluß von Liebe, Trennung und Tod liegt jedoch in jeder tiefen Bindung als Möglichkeit bereit.

Der Trauerprozeß nach der Trennung

»Trauerarbeit leisten«?

Nachdem die Trennungsphasen mit all ihrem Protest, ihrem Schmerz und ihrer Verzweiflung bis hin zur lebensbedrohlichen Depression durchlitten sind, tritt die Verarbeitung des Partnerverlustes in ein neues Stadium ein. Es ist die Zeit der Trauer.

Trauer bezeichnet in ihrer ursprünglichen Bedeutung die Gefühlslage eines Menschen oder einer Gruppe nach dem Tod eines nahen Angehörigen. Das mag damit zusammenhängen, daß in früheren Zeiten der Tod durch eine extrem hohe Säuglings- und Müttersterblichkeit, durch Epidemien, unheilbare Krankheiten, Naturkastrophen und Kriege zur täglichen Erfahrung gehörte. Noch vor hundert Jahren betrug die durchschnittliche Lebenserwartung eines Menschen im Deutschen Reich nur 37 Jahre (ähnlich wie derzeit in den Entwicklungsländern).

Bis zum heutigen Zeitpunkt hat sich in den industrialisierten Staaten die Lebenserwartung verdoppelt, und die Zahl derer nimmt zu, die bis zu ihrem vierzigsten oder fünfzigsten Lebensjahr noch keinen Toten gesehen bzw. Tod in der eigenen Verwandtschaft erlebt haben. Diese gemessen am Zeitraum der menschlichen Geschichte (ca. zwei Millionen Jahre) unvorstellbare Geschwindigkeit in der Zunahme der Lebensspanne dürfte ein Zeitphänomen mitbegründet haben, das als die »Verdrängung des Todes« bekannt ist.

Gleichzeitig wachsen die wissenschaftliche Phantasie und der Größenwahn bezüglich einer grundsätzlichen Überwindbarkeit des Todes. In dieser Situation erscheint der Verlust der Fähigkeit und Bereitschaft zur Trauer fast »natürlich«.

Deswegen ist es wichtig, daran zu erinnern, daß die frühe Erfahrung der Nähe von Leben und Tod, das Gefühl für ihre Einheit, in allen Kulturen der Menschheit zu zahllosen Formen von religiösen Trauerzeremonien und Trauerritualen geführt hat. Ihre Funktion bestand darin, den Tod zu beklagen (Klagegesänge), den Toten (und seine Geister) zu versöhnen und ihm zu danken (Opferkulte), seine Seele von seinem Körper zu befreien (Verbrennungsrituale) und mit ihm das Glück seiner jenseitigen Existenz zu feiern (Feierzeremonien). Noch heute besteht, um nur ein Beispiel zu nennen, das mich auf einer Reise durch Indonesien am meisten beeindruckt hat, bei den Torajern in Sulawesi der Höhepunkt der wochen- und monatelangen Trauerfeiern in der blutigen Opferung zahlreicher edler Büffel, deren Seelen dem Toten folgen, um ihm im Jenseits ein angenehmes Leben zu bereiten. Wer einmal Gast bei einer solchen orgiastischen Verschmelzung von Leben und Tod war, wird das kleine Blumensträußchen, das er auf unseren Friedhöfen verschüchtert in die Sarggrube wirft, fast wie eine Verhöhnung des Toten erleben: »Mehr war sein Leben nicht wert, daß sein Tod auf so verschämte Weise endet?«

Mit diesem Verlust der ehrfurchtgebietenden Bedeutung des Todes, so können wir vermuten, ist unsere Gefühlsbereitschaft zur Trauer grundsätzlich verkümmert. Inzwischen ist aber bekannt, daß jeder schwere Verlust Gefühle der Trauer auslöst, die sich als körperlich schädigend (psychosomatisch) oder das Leben einschränkend auswirken können, wenn sie verdrängt statt durchlebt werden. Seit der Arbeit von Freud »Trauer und Melancholie« wissen wir, daß die Trauer nicht nur mit dem Tod verbunden ist: »Trauer ist regelmäßig die Reaktion auf den Verlust einer geliebten Person oder einer an ihre Stelle gerückten Abstraktion wie Vaterland, Freiheit, ein Ideal usw.«[26] Freud interessiert weniger die Frage, wie der einzelne die Trauer erlebt, sondern wie er sie überwindet: »Worin besteht nun die Arbeit, welche die Trauer leistet?«[27] Die Hauptarbeit liegt für den Verlassenen darin, die emotionalen Bindungen zu dem ehemaligen Partner – Freud nennt sie die »libidinösen Besetzungen« – zurückzuziehen und auf neue Objekte (Geliebte, Freunde, Interessen usw.) zu übertragen. Diesen Prozeß nennt Freud die »Trauerarbeit«. Dabei besorgt das Ich den Rückzug der emotionalen Kräfte und ihre Umverteilung.

Ich erwähne diese ursprüngliche Definition, weil die Formulierung »Trauerarbeit leisten« seitdem in der psychoanalytischen Theorie und therapeutischen Praxis zu einem gängigen Begriff wurde, der inzwischen auch in den allgemeinen Sprachgebrauch übergegangen ist. Dort wird sein Sinn allerdings oftmals mißverstanden. Der Terminus »Arbeit leisten« entstammt dem biologischen und mechanistischen Weltbild Freuds und meint die von inneren Instanzen geregelte Energieverteilung. Er ist somit ein absolut theoretisches Konstrukt unbewußter Seelentätigkeit und hat nichts gemeinsam mit unserem konkreten Begriff von Arbeit, z.B., um einen Vergleich zu wählen, mit der Aufgabe, Fischerboote abends aufs Land zurückzuziehen.

Wenn man jedoch Berichte über sogenannte Trauerworkshops liest, bekommt man den Eindruck, als habe sich genau diese Bedeutung getreu unserem Leistungsprinzip durchgesetzt. Die Trauer wird auf diese Weise zu einer inszenierten Anstrengung, von deren Erfolg oder Mißerfolg der Gesundungsprozeß abhängt. Weil diese anempfohlene »Trauerarbeit« heute so hoch im Kurs steht, möchte ich hier einen Bericht etwas ausführlicher zitieren:

»Wir müssen jetzt in die Wüste gehen, um unsere Trauer zu suchen, die wir dorthin verbannt haben. Diese Übung ist ein geführter Phantasietrip mit geschlossenen Augen, und ihre Wirkung wird dadurch verstärkt, daß wir wirklich marschieren, als Menschenschlange, einer dicht hinter dem anderen, mit der rechten Hand an die Schulter des Vordermannes geklammert, so stolpern wir in Schlangenlinie blind, jeder mit einem eigenen Bild vor dem inneren Auge, durch den Raum, während Jorgos erzählt.

›Ganz weit fort haben wir sie verbannt, die arme kleine Trauer. Sie hatte kaum eine Überlebenschance...‹

Dann finden wir die Trauerkraft. Jorgos läßt uns niederknien und das Wesen in den Arm nehmen...

In einer geführten Phantasiereise mit geschlossenen Augen können wir die Menschen, von denen wir Abschied nehmen wollen, auf das Totenschiff bringen: verstorbene, aber auch noch lebende, die wir idealisiert oder mit denen wir Streit oder andere Schwierigkeiten haben... Jorgos führt uns auf dem langen Spaziergang durch eine tiefe Schlucht hinunter zum Meer, wo schon das Schiff mit den gesichtslosen Matrosen wartet. Wir stehen am Pier und dürfen noch ein paar Worte mit den Toten wechseln. Das Wissen, daß dieser Abschied endgültig – ›unwiderruflich und unwiederbringlich‹, betont Jorgos – ist, gibt der phantasierten Szene eine ergreifende, fast beklemmende Atmosphäre...

Zu Musik von Panflöte, Chor und Orchester dürfen wir auf einen roten Zettel alle Personen und Dinge schreiben, von denen wir Abschied nehmen... Jorgos überreicht jedem von uns eine Kerze. Wir zünden unsere Kerze am Licht des Energieraumes an. Wir nehmen den roten Zettel und verkünden: ›Ich übergebe dem Feuer zur Umwandlung...‹ Nach dem Verlesen zünden wir den Zettel an unserer Kerze an und lassen ihn über der Messingschale verbrennen. Der Chor verkündet: ›Ja, Wolfgang, du kannst es loslassen und Abschied nehmen.‹«[28]

In der gleichen Ausgabe der Zeitschrift stellt Adelheide Beyeler eines ihrer Abschiedsrituale vor. Sie errichtet an einem geschützten Naturplatz eine kleine Feuerstelle und arrangiert um sie herum einen »Altar« aus Gegenständen, die für sie eine bestimmte symbolische Bedeutung haben: »Uhufeder, Kieselstein mit Kreuz, Schamanenstein mit Loch, Bergkristall, Dinkelkörner, Maismehl, Entenfeder, Salbeizweig, Adlerfeder, Schälchen mit Salbeiblättern und Rassel mit Samenkörnern.« Dazu ein »dürres Stecklein« und ein leeres Schneckenhaus. Sie entzündet das Feuer und verbrennt nach einer Trauermeditation die Gegenstände, die Anteile von ihr symbolisieren und von denen sie Abschied nehmen möchte.[29]

Auch wenn die beiden Beispiele auf den ersten Blick nicht als »Arbeit« erkennbar werden, im Gegenteil das »Loslassen« und das spontane Auftauchen von Phantasien und Gefühlen durch sie gefördert werden sollen, handelt es sich um bewußte und bei den Workshops um bezahlte Inszenierungen, um eine »Arbeit an sich selbst« unter der suggestiven Anweisung einer Autorität: »Seid traurig, und ihr werdet frei.« In ihnen stellt der Glaube an das »Machbare« und die gesteuerte Produzierbarkeit von Gefühlen einen wesentlichen Motor des Handelns dar.

Läßt sich auf diese Weise »Trauerarbeit« so leicht »leisten«? Werden hier nicht die psychodynamischen Vorgänge beim Trauerprozeß grob vereinfacht? Leistet das Geschäft mit der Trauer mehr als den unkontrollierten und unkontrollierbaren Ausbruch von Gefühlen, die schon deswegen so emphatisch begrüßt werden, weil sie den befreienden Tränenfluß strömen lassen? Was in dieser meiner Darstellung als intellektuelle Abwehr, auch als Abwertung erscheinen mag, entstammt in Wahrheit meiner Sorge, ob hier nicht letztlich gesellschaftlich verfügtes und individuell zu verarbeitendes Leid auf eine sehr willkommene Art zu einem Randproblem entsorgt wird. Dabei bleiben die Betroffenen, wie an früherer Stelle dargestellt, schließlich doch wieder allein und ihrer Umwelt entfremdet.

Bevor ich meine Leichen verbrenne, muß ich verstanden haben, was sie mir bedeuteten, warum ihr Verlust so schwer ist und wodurch ihr symbolischer oder realer Tod verursacht wurde. Nur so werde ich wieder frei. Genau dieses Verstehen, diese Einsicht und Erkenntnis sind heute durch keinen simplen Rückgriff auf »primitive«, vorbewußte und aus dem natürlichen Erleben der Einheit von Mensch und Natur geborene Rituale zu »erkaufen«.

Ich möchte eine Erinnerung nicht unerwähnt lassen, die in mir, einem Kind des Faschismus, bei der Beschwörungsformel aufsteigt: »Ich übergebe dem Feuer zur Umwandlung....«: die Schriften von Marx und Freud und Brecht und vielen anderen Dichtern und Denkern. Auch sie wollte man aus dem Gedächtnis und der Erinnerung auslöschen, sie in alle Winde verstreuen, sich von ihnen verabschieden. Getrauert hat man um sie nicht!

In meiner Darstellung des Trauerprozesses beschränke ich mich auf die Trauer nach einem Partnerverlust durch Trennung oder Scheidung. Sie weicht von der Trauer nach dem Tod eines nahen Angehörigen in so vieler Hinsicht ab, daß ich auf letztere hier nicht ausführlicher eingehen möchte.[30] Weiterhin erscheint es mir sinnvoll, die Trauer nicht unter die Trennungsphasen einzureihen, auch wenn sie durch die Trennung bedingt ist. Der Grund für diese etwas willkürliche Abgrenzung liegt darin, daß ich die Trauer nach einem Partnerverlust als einen relativ selbständigen Prozeß betrachte, der sich von den psychologischen Vorgängen in den Trennungsphasen deutlich unterscheidet; wichtiger aber ist, daß der Trauerphase die entscheidende Bedeutung für die endgültige Bewältigung des Trennungstraumas zukommt. Sie beansprucht damit eine besondere Rolle im Trennungsdrama und rechtfertigt eine entsprechend ausführliche Beschreibung.

Dazu bietet sich an, den Trauerprozeß für Frauen, Männer und Kinder getrennt zu untersuchen, weil durch die Betonung der Besonderheiten – so meine Hoffnung – das wechselseitige Verständnis und die Einfühlung erleichtert werden. Dazu soll auch die Unterscheidung zwischen verlassenen Partnern und denen, die weggehen, dienen. Allerdings sind hier folgende Einschränkungen angebracht: Der äußere Anschein kann oft trügen. »Früher trennte sich der Mann, heute trennt sich die Frau.« Dieser Satz drückt in seiner Vereinfachung keine Allgemeingültigkeit, aber einen Trend aus, der sich in den beiden letzten Jahrzehnten mit steigender Tendenz abzeichnet. Die in diesem Zusammenhang häufig zitierten zwei Drittel Frauen, die die Scheidung einreichen, sind jedoch für eine Trendaussage wenig geeignet, da die Zahl nichts darüber aussagt, welcher der Partner sich real getrennt hat. Es ist bekannt, daß Männer aus unterschiedlichen Gründen (Steuern, Unterhalt, Kinderfrage, Verlust des sozialen Prestiges, tradiertes Bindungsverhalten, emotionale Abhängigkeit usw.) auch nach der Trennung vor einer Scheidung eher zurückschrecken, während Frauen heute klarere Entscheidungen fordern.

Einschränkend kommt weiter hinzu, daß zwar viele Frauen den aktiven Schritt zur Trennung tun, sich ihnen aber bald die vorher verleugnete Frage stellt, ob nicht sie in der Partnerschaft schon lange die eigentlich »Verlassenen« waren. Hier gibt dann das unbewußte Gefühl des Verlassenseins, meist durch die emotionale Kälte und den Rückzug des Mannes, den Ausschlag für die Trennung. Natürlich entschließen sich auch viele Frauen bewußt zur Trennung, nachdem sie vorher durch die Untreue des Partners »verlassen« wurden. Für beide Gruppen von Frauen gestaltet sich dann der Trauerprozeß ähnlich wie für die real verlassenen Frauen.

Männer dagegen, die sich während der Beziehung von ihren Frauen »verlassen« fühlen, sehen darin viel weniger einen Grund zur Trennung. Sie sind entsprechend auch, wie alle Umfragen zeigen, mit der Partnersituation insgesamt zufriedener und nehmen eigene Einschränkungen und das Unglück ihrer Partnerinnen weniger wahr.

Diese unterschiedlichen Bewertungen der Partnersituation und die Umkehrung des Trennungsverhaltens spiegeln historische Umstrukturierungen in Ehe und Partnerschaft wider, die vielfältige gesellschaftliche und persönliche Ursachen haben; sie werden von dem Begriff »Frauenbewegung« nur teilweise erfaßt.

Entscheidend ist die Frage, ob die äußeren Veränderungen den inneren Entwicklungen entsprechen, um auf die Zunahme der Trennungen angemessen reagieren zu können. Die Realität gibt darauf eine eindeutige Antwort. Da der Trauerprozeß zur Überwindung der Trennungsdramen eine so entscheidende Rolle spielt, ist die Kenntnis seiner reichhaltigen psychologischen Facetten bei der Annäherung von äußerer und innerer Realität von besonderer Bedeutung.

Die Trauer der verlassenen Frau

In den wilden Gefühlsausbrüchen von Zorn, Wut, Haß, Verzweiflung und Schmerz, die sich in den ersten beiden Trennungsphasen nach außen entluden, und in der Gefühlsgewalt, die sich in der Depression nach innen verlagerte, hatte das Ich als steuernde Instanz der Innenvorgänge seine Herrschaft weitgehend verloren. Wenn das Ich nach Abklingen der Gefühlsstürme wieder gefestigt ist und seine Kontrolle über die Trieb- und Gefühlswelt zurückgewonnen hat, kann es beginnen, in stiller Weise über die angerichteten inneren und äußeren Zerstörungen zu trauern. Es handelt sich dabei um einen normalen Vorgang der seelischen Verarbeitung eines erlittenen Traumas. Wie eine körperliche Wunde aus der Tiefe heraus langsam ausheilt und schließlich vernarbt, so wird auch ein psychischer Heilungsprozeß mit der Trauer abgeschlossen.

Dieser Vergleich verweist auf einen Zusammenhang, der vielleicht nicht unbedeutend für die unterschiedliche Trauererfahrung von Frauen und Männern ist. Mit Beginn ihrer ersten Periode in der Pubertät bis zum Klimakterium zwischen dem 45. und 55. Lebensjahr erlebt die Frau mit ihrer Regelblutung jeden Monat neu die enge Verbindung von körperlichem und seelischem Schmerz. Die vier- bis fünftägige, zu Beginn oft schmerzhafte Periode verwandelt die gesamte Gebärmutteroberfläche in eine blutende Wunde, die danach durch die Bildung einer Schleimhaut langsam wieder ausheilt. Es wird viel über die psychosomatischen Gründe gerätselt, warum so viele Frauen vor und während der Periode unter Gefühlsschwankungen leiden, die neben Nervosität und Reizbarkeit oft die Züge einer milden, depressiv getönten Trauer zeigen. Inwieweit hierbei biologische Faktoren durch Veränderungen des Hormonhaushaltes eine Rolle spielen, ist bisher ungeklärt. Andererseits gibt es aus psychotherapeutischen Erfahrungen genügend Hinweise dafür, daß bei vielen Frauen die Periode mit einem (oft unbewußten) Bedauern darüber verbunden ist, nicht schwanger geworden zu sein – so irrational und unrealistisch das Gefühl auch sein mag und so wenig zum gegenwärtigen Zeitpunkt oder generell vielleicht ein Kinderwunsch vorhanden ist. Nicht selten kann die Periode auch wie die Unterbrechung einer Schwangerschaft, wie ein Abort erlebt werden. Wie wenig abwegig solche Phantasien sind, geht aus der Tatsache hervor, daß ein hoher Prozentsatz von Schwangerschaften nicht erkannt wird, weil die befruchtete Eizelle mit der ersten oder zweiten Monatsblutung verloren wird. So ist die Annahme nicht allzu spekulativ, daß die Periode häufig mit einer bewußt wahrgenommenen oder unbewußten Trauer über das Ausbleiben oder den möglichen Abbruch einer Schwangerschaft verbunden ist.

Die enge Nähe von Körperschmerz und Seelenschmerz als regelmäßige und fast lebenslange Erfahrung und der sie begleitende Trauerprozeß unterscheiden Frauen und Männer auf eine fundamentale Weise. Der Unterschied wird deswegen wenig wahrgenommen und diskutiert, weil die Monatsblutung, obwohl ein natürliches Phänomen, bei Männern, aber leider über die patriarchale Beeinflussung auch noch bei vielen Frauen auf eine innere und äußere Abwehr stößt und am liebsten, wenn nicht abgeschafft, so doch wenigstens verheimlicht werden soll.

Die »Periodentrauer«, wie man sie nennen könnte, vertieft die Trauer über den Partnerverlust in den Fällen, in denen auf Grund enttäuschender Erfahrungen in mehreren Beziehungen oder nach einer Ehe die Entscheidung für weitere Kinder oder gar für ein erstes Kind endgültig aufgegeben wird. Natürlich gibt es viele Frauen, die sich erst in der zweiten Ehe oder Partnerschaft zu einem weiteren oder zu einem ersten Kind entschließen. Aber die Tatsache, daß immer mehr Frauen kinderlos bleiben, und die steigende Tendenz zu nur einem Kind, ob ehelich oder nichtehelich, weisen darauf hin, daß neben veränderten Rollenerwartungen der Frau in bezug auf Beruf und Eigenentwicklung psychologische Gründe für diesen Trend mitverantwortlich sind, deren Ursache im mangelnden Vertrauen auf die Stabilität von Partnerschaft und Ehe zu suchen ist. Dabei ist der Verzicht auf Kinder trotz der bewußten Entscheidung nach meinem Eindruck sehr häufig mit einer »periodisch« wiederkehrenden Trauer über den endgültigen Abschied von dem überdauernden, wenn auch oft verleugneten Wunsch nach Mutterschaft verbunden. Dieser Wunsch wurzelt nicht nur in der natürlichen Schwangerschafts- und Gebärfähigkeit; ebenso wichtig erscheint mir seine psychologische Motivierung: Mit jeder Schwangerschaft vermag die Frau die Erfahrung der frühen Einheit von Mensch und Natur durch die Symbiose von Mutter und Kind wiederherzustellen – ein Elementarerlebnis, bei dem sie in Wiederholung ihrer eigenen Urgeschichte Mutter und Kind zugleich ist. Die scheinbar völlig unerklärlichen Depressionen, die häufig nach einer Entbindung auftreten, dürften mit diesem erneuten Verlust der Einheit in engem Zusammenhang stehen.

Die Frau, die nach einem Partnerverlust auch ihre Wünsche nach weiteren Kindern oder erst recht nach dem ersten Kind endgültig aufgibt, muß die Trauer verarbeiten, diese Erfahrung von Einheit für immer verloren zu haben. Ich glaube, daß das Ausmaß und die Auswirkungen dieser Trauer auf die weitere Lebensgestaltung unterschätzt werden. Vielleicht verbietet Männern ihr Gebärneid, Frauen diese Trauer zuzugestehen; dies auch, weil sich hinter dem Gebärneid der viel tiefere verbirgt, der Neid auf die Regressions- und Verschmelzungsfähigkeit der Frau in der Urerfahrung einer frühen Einheit.

Mit dieser Darstellung soll, um Mißverständnisse zu vermeiden, keineswegs ein patriarchaler Müttermythos aufgefrischt werden: die Fixierung der Frau in der Mutter- oder gar Hausfrauenrolle. Natürlich kann die Entscheidung einer Frau, kein Kind haben zu wollen, realistisch und vernünftig sein und ihrem Wesen sehr viel mehr entsprechen, als sich dem Rollenzwang der Mutterschaft zu unterwerfen. Übrigens betrifft dieses Thema, was häufig übersehen wird, Männer in vergleichbarer Weise. Der Mann, der bewußt auf Kinder verzichtet, kann eine seinem Wesen nach richtige Entscheidung getroffen haben. Aber auch für ihn ist damit ein spezifisches Schicksal verbunden, das die Trauer über den Verzicht der Vaterschaft einschließt.

Meine Darstellung soll also kein Plädoyer für eine unbedingte Mutter- oder Vaterschaft sein. Andererseits kann ich hier nicht die Beschreibung verbreiteter psychologischer Tatbestände ausklammern, wie sie sich mir nach langen psychotherapeutischen Erfahrungen gezeigt haben. Das Risiko, damit einen empfindlichen Nerv in der Diskussion der Frauenbewegung über die Mutterfrage zu treffen, eröffnet auch Chancen, wie sie mit jeder Auflösung von Tabus verbunden sind.

Eine weitere Trauer der verlassenen Frau berührt Fragen ihrer Identität. Die Bestseller-Bücher von Robin Norwood »Wenn Frauen zu sehr lieben« und von Cheryl Benard und Edit Schlaffer »Laßt endlich die Männer in Ruhe« stehen für eine Fülle von Literatur über das unterschiedliche Beziehungsverhalten der Geschlechter. Auch wenn Wilfried Wieck in erfrischender Weise in seinem Buch »Männer lassen lieben« die heimliche Abhängigkeit des Mannes von der Frau beschrieben hat, so gelten doch heute noch weithin die traditionellen Beziehungsmuster, nach denen die Frau ihr Leben innerlich und äußerlich sehr viel stärker auf den Mann hin orientiert als umgekehrt. Ihr Selbstwertgefühl und ihre Identität sind damit in höherem Maße außengelenkt und nach der Einschätzung und den Urteilskriterien des Mannes definiert. Auch wenn diese Rollenstrukturen in einem Umbruch begriffen sind, dürften die langen Sozialisationserfahrungen der Frau unter dem Patriarchat nur eine langsame Wandlung ihrer seelischen Befindlichkeit und Orientierung zulassen. Das, was äußerlich als Emanzipation und, besonders in ihren extremen Varianten, als Umkehrung der Verhältnisse erscheint, täuscht häufig grundlegende innere Veränderungen nur vor.

Unter diesen Bedingungen stellt das Verlassenwerden für die Frau eine Erschütterung ihrer weiblichen Identität und ihres Selbstwertes dar, wobei die Trauer dann dem aufbrechenden Bewußtsein entstammt, wie stark bisher die Entwicklung einer eigenen Persönlichkeit durch die Identifizierung mit den männlichen Interessen eingeschränkt und verhindert wurde. Je mehr das eigene Selbstbewußtsein nur ein vom Mann geliehenes war, um so tiefer reicht jetzt die Selbstentwertung, die die Trauer zusätzlich vertieft.

»Ich könnte weinen bei dem Gedanken, was ich alles versäumt habe, für mich zu tun; jetzt bin ich doch nichts mehr wert. Ich muß völlig von vorne anfangen, stehe aber mit leeren Händen da.« So empfand eine Frau ihre Trauer nach der Trennung, obwohl sie in der Ehe zwei Kinder großgezogen hatte und im Beruf stand. Entscheidend aber war ihr Gefühl, sich innerlich immer stark von ihrem Mann abhängig gemacht und ihm ihre persönlichen Lebenswünsche geopfert zu haben. Dieses für Frauen typische Schicksal wird selten mit ihrer Trauer in Verbindung gebracht.

Das Tragische der Selbstentwertung gipfelt in der Entwertung der gesamten gemeinsamen Vergangenheit. Die Liebe, die die beiden verband, der Reichtum an Erfahrungen eines lange zusammen verbrachten Lebens, die Freude und auch die geteilten Sorgen über die Kinder – alles wird hinfällig, als habe es nicht existiert, als sei es nicht gelebt worden, als habe es sich nicht gelohnt, ja im Gegenteil, als sei alles Irrtum und Täuschung gewesen: »Du hast mich nie geliebt!« Die Trauer über eine scheinbar vergebliche Liebe, und noch weiter zurückreichend, die Trauer über ein scheinbar vergebliches Leben reicht tief. Solchermaßen sich selbst und die eigene und gemeinsame Vergangenheit abwertend, bleibt auch der Zukunft wenig Raum. Die Trauer ist die Mutter der Hoffnungslosigkeit.

So ist es erklärlich, daß die verlassene Frau häufiger als der Mann unter dem Gefühl leidet, »nie mehr« einen geeigneten Partner zu finden. Tatsächlich gehen ja auch Männer nach einer Trennung öfter und nach kürzerer Zeit wieder eine neue Beziehung ein, während Frauen freiwillig oder unfreiwillig für lange oder auf Dauer allein bleiben. Dieser Unterschied hat sicher verschiedene Ursachen. So scheint unbestreitbar, daß Frauen auf Grund einer langen Sozialisationsgeschichte und auch unter dem politisierenden Einfluß der Frauenbewegung der letzten Jahrzehnte eine größere Fähigkeit zum Alleinsein erworben haben als Männer – ein Tatbestand, auf den letztere mit neidvoller Bewunderung reagieren. Gleichzeitig haben Frauen differenziertere Ansprüche an Beziehungen entwickelt. Der Grad ihrer Unabhängigkeit ist eine Mischung aus Enttäuschung, Vorsicht, neuem Selbstvertrauen und Idealen, die den Wunsch nach einer Partnerschaft unter gewandelten Bedingungen nicht unbedingt ausschließt. Alle diese Kriterien gelten für den Mann sehr viel weniger, da ihn seine Unfähigkeit zum Alleinsein abhängiger macht. Das gewachsene Selbstbewußtsein vieler Frauen schließt aber eine untergründige Trauer über die mit dem Partnerverlust verbundenen Verzichte nicht aus.

Wenn die Trauer zur Ursache für den freiwilligen oder unfreiwilligen Verzicht auf eine neue Bindung wird, entsteht ein verhängnisvoller Kreislauf, weil das Alleinsein wiederum Trauer bewirkt. Durch Trauer entsteht Einsamkeit, wie durch Einsamkeit Trauer entsteht. Wenn einen dieser Zirkel erstmal gefangen hält, ist der Trauerprozeß besonders langwierig.

Zur Trauer gehört noch ein anderes Gefühl, das für die Verarbeitung des Trennungstraumas wichtig ist – das Schuldgefühl. Wenn die Kämpfe nach dem Partnerverlust ausgekämpft sind, setzt mit der Trauer eine Besinnung darauf ein, durch welche eigene Schuld die Beziehung zerbrochen ist. Um es vorweg zu sagen: Solche Schuldgefühle sind unvermeidbar, ja sogar für jede Weiterentwicklung unentbehrlich, weil ohne sie auch kein Wandel in den eigenen Anschauungen und Verhaltensmustern stattfinden würde. Sie sich ausreden zu wollen, sie zu verdrängen oder zu verleugnen, würde bedeuten, das Recht und die Gültigkeit eigener Positionen für sich gepachtet zu haben. Aber der Mensch irrt und wird schuldig sein Leben lang. Wenn er nicht zu den Pharisäern gehören will, die den Splitter immer nur im Auge des anderen sehen und blind sind für sich selbst, dann wird er die zu jedem Leben gehörende Schuld als existentielles menschliches Faktum anzunehmen versuchen. Nur so kann er auch Mensch werden.

Das Schuldgefühl im Trauerprozeß bezieht sich auf alles, was man im nachhinein als Fehler und Versäumnis erkennt, ob in der zärtlichen und sexuellen Liebe, im Verständnis und in der Aufmerksamkeit für den anderen oder auch in anderen Bereichen des gemeinsamen Lebens. Grundsätzlich unterscheiden sich Frauen und Männer bei der Trauer über das Versprochene und Nichteingelöste, über das gemeinsam Gewünschte und Nichterreichte, d.h. über den Widerspruch zwischen Utopie und Wirklichkeit nicht. Trotzdem scheinen Frauen, und besonders verlassene Frauen, unter diesen Anlässen der Trauer stärker zu leiden, weil mit der Trennung ihr früh verinnerlichtes Ideal, allein für das »Eheglück« verantwortlich zu sein, zusammenbricht und Gefühle des Versagens auslöst.

»Ich bin sehr traurig, daß ich erst jetzt erkenne, welche Fehler ich in unserer Ehe gemacht habe. Dabei wollte ich eine besonders gute Ehefrau und Mutter sein. Sicher hilft es mir, solche Fehler in Zukunft zu vermeiden. Aber die Trauer, daß es nicht besser ging, daß ich es nicht besser konnte und dadurch etwas unwiederbringlich zerstört habe, die werde ich wohl noch lange mit mir herumtragen müssen.«

Diese Aussage stammt von einer Frau, die sich in einer längeren Beratung mit der Tatsache auseinandersetzen mußte, daß sie nach der Geburt des Sohnes ihre Liebe immer mehr auf diesen übertragen und ihrem Mann Zärtlichkeit und Sexualität entzogen hatte. Dieser war eines Tages verschwunden, weil er die unerotische Beziehung nicht mehr ertrug. Mit ihrer Erkenntnis nahm die Frau zunächst alle Schuld für das Zerbrechen der Ehe auf sich, weil sie ihr verinnerlichtes Ideal der Alleinverantwortung durch die Trennung als gescheitert ansah. Erst in einem weiteren Schritt konnte sie die Unangemessenheit dieses Ideals relativieren und die Mitbeteiligung des Mannes an ihrem Rückzug realistisch einschätzen.

In den Trauerprozeß fließt in heutiger Zeit auch eine Trauer ein, die bis zum Zeitpunkt der Trennung oft verdrängt war und erst durch diese neu belebt wird – die Trauer über die Kindheit. Durch das angewachsene Wissen über die Bedeutung von Kindheitsschicksalen gibt es heute wohl nur noch wenige Menschen, die, mehr oder weniger bewußt, das Scheitern ihrer Beziehungen nicht mit eigenen Kindheitserfahrungen in Verbindung bringen. Das Scheitern ist immer auch das Resultat von Problemen, eigenen Schwierigkeiten und Grenzen, die in der Kindheit ihre Wurzeln haben. In der Trauer über den verlorenen Partner trauert man daher auch über den verlorenen Traum einer glücklichen Kindheit. Darin steckt auch eine große Chance. Wie wir gesehen haben, verarbeitet im Trauerprozeß das Ich die erlittenen Verletzungen. Daher können wir in dem Maße, wie uns die Trauer über den verlorenen Partner gleichzeitig zur Trauer über die Kindheit verhilft, die Anklagen und Schuldzuweisungen an die Eltern, besonders an die Mütter, zurücknehmen und die zugefügten Leiden bewältigen. So gelingt es uns über die Trauer, die Kindheit als Teil der eigenen Geschichte zu begreifen, sie so anzunehmen, wie sie war, und sie schließlich der eigenen Verantwortung zu übergeben.

Von der Trauer über die eigene Kindheit scheint mir die verlassene Frau dann besonders betroffen zu sein, wenn sie dazu neigt, ihr eigenes »Versagen« überzubewerten, daraus verstärkte Selbstvorwürfe ableitet und sich selbst entwertet. In diesem Fall muß sie auch die Brüche in ihrer Kindheitsentwicklung als besonders schmerzhaft erleben.

Nicht zuletzt betrifft der Trauerprozeß auch die eigenen Kinder. Ist man nicht schuldig geworden an ihrem Schicksal, das durch die Trennung mit vielen Schwierigkeiten belastet wird? Wollte man ihnen nicht eine unbeschwerte Kindheit in einer harmonischen Familie bescheren? Für Frauen, die verlassen wurden, ist auch hierbei der anfängliche Schmerz und dann die Trauer über das Unwiederbringliche aller anfänglichen Hoffnungen und Wünsche besonders schwer zu tragen. Sie sind stärker als der Mann mit den Kindern identifiziert, und sie fühlen sich für deren ungestörte Entwicklung verantwortlicher. Hier fließen die gesellschaftlichen und die früh verinnerlichten Rollenerwartungen zusammen und werden zu einer drückenden Last. Das Gefühl, auch den Kindern gegenüber versagt zu haben, ist erfahrungsgemäß von einer tiefen Trauer begleitet. Erschwerend kommt das Erlebnis eines tragischen Wiederholungszwangs hinzu: »Jetzt bin ich an meinen Kindern genauso schuldig geworden wie meine Mutter an mir, und ich wollte ein Leben lang eine bessere Mutter werden.«

Diese schmerzhafte Wahrheit ist nur dann zu ertragen, wenn man den irrtümlichen und nicht selten narzißtischen Anspruch aufgeben kann, allein für das Schicksal der Kinder verantwortlich zu sein. Erstens fühlen sich in der Regel eine Reihe von Menschen für ein Kind verantwortlich und sind an seiner Erziehung beteiligt. Des weiteren werden Kinder nicht allein durch Umwelt und Erfahrung geprägt; ihre konstitutionellen Voraussetzungen bilden ebenfalls einen wesentlichen Motor für ihre Entwicklung: Diese wissenschaftlich gesicherte Erkenntnis wird in unserem psychologischen Zeitalter oftmals unterschätzt. Außerdem sind Kinder in der Regel auch widerstands- und anpassungsfähiger, als wir ihnen in unserer überbehütenden Sorge oft zutrauen; daher sollte ihnen ihrer Reife entsprechend, verstärkt ab der Pubertät, mehr Eigenverantwortung für ihr Schicksal zugebilligt und auch zugemutet werden, als dies heute gemeinhin geschieht.

Nicht zuletzt scheint es mir hilfreich, sich bei der Neigung zu einer übertriebenen Schuldzuschreibung von der Einsicht leiten zu lassen, daß kein Leben, weder für Erwachsene noch für Kinder, schmerzfrei abläuft, ja daß menschliche Existenz erst aus der Dialektik von Glück und Schmerz ihr spezifisches Gepräge und die Chancen zu einer Weiterentwicklung bekommt.

Ich habe versucht, die Facetten der Trauer zu beschreiben, die mir in meiner beruflichen und persönlichen Erfahrung am häufigsten begegneten und die mir besonders wichtig erscheinen. Die Trauer über den Verlust des Partners steht im Vordergrund und damit die Aufgabe für das Ich, die emotionalen Bindungen von ihm abzulösen und auf neue Objekte zu übertragen. Aber es würde das Verständnis des Trauerprozesses ungemein einschränken, wenn man ihn lediglich auf den Partnerverlust bezöge. Eine losgetretene Lawine läßt sich auch nicht von einem Hausdach abräumen, indem man das anfängliche Schneebrett ausgräbt. Hier wie in den folgenden Kapiteln kann die Darstellung dennoch nicht vollständig sein, weil jedes Schicksal sich vom anderen unterscheidet. Aber wenn man die Vielschichtigkeit des Trauerprozesses nachzuempfinden versucht, wird einem deutlich, wie schwierig und lang der Weg zur Versöhnung sein kann, und wie kurz Versuche greifen, ihn möglichst schnell abschließen zu wollen.

Die Trauer der Frau, die geht

Warum sollte eine Frau trauern, die zu neuen Ufern aufbricht, ob in einer neuen Leidenschaft oder in dem Entschluß, alleine leben zu wollen? So grundsätzlich verschieden die drei Trennungsphasen für die verlassenen und für die weggehenden Partner verlaufen, so sehr ähnelt sich nach meiner Einschätzung der Trauerprozeß. Das gilt für Frauen ebenso wie für Männer. Auch deswegen ist es sinnvoll, zwischen Trennungsphasen und Trauerprozeß zu unterscheiden.

Spätestens seit ein allgemeines Bewußtsein darüber besteht, daß eine Beziehung in der Regel an der Unvereinbarkeit der seelischen Konstellationen zwischen beiden Partnern scheitert, wobei meist unbewußte Motive den Zündstoff für die äußerlich oft unverständlichen Schwierigkeiten liefern, kann sich keiner mehr von der Rolle des Mitspielers freisprechen. Sich selbst im alleinigen Recht zu fühlen und den anderen ins Unrecht zu setzen, wird heute im öffentlichen Bewußtsein eher als Verleugnungsstrategie durchschaut. Damit wird jeder durch eine Trennung, ob er es wahrhaben will oder nicht, mit sich und all seinen Schwierigkeiten konfrontiert.

Für die Frau, die ihren Partner verläßt, stellt sich der Trauerprozeß in vielem ähnlich dar wie für die verlassene Frau, auch wenn er sich in seiner Intensität unterscheiden mag. Was im vorangehenden Kapitel über die Kinderfrage geschrieben wurde, trifft auch hier in vergleichbarer Weise zu. Da über die Komplexität der Entscheidungsprozesse keine statistischen Materialien vorliegen, ist jede verallgemeinernde Aussage mit Vorbehalt zu werten. So gibt es sicher zahlreiche Frauen, die sich aus einer für sie unerträglich gewordenen Partnerschaft oder Ehe befreien und in einer neuen und glücklichen Beziehung ein erstes oder weitere Kinder bekommen. Exemplarisch dürfte dies für Frauen zutreffen, deren Partner oder Ehemänner eigene Kinder ablehnten, was schließlich zum Trennungsgrund wurde. Aber viele Erfahrungen zeigen, daß auch Frauen, die eine Partnerschaft aufgeben, aus vielfältigen und bereits dargestellten Gründen in einer neuen Beziehung auf Kinder verzichten. Wie auch immer der Verzicht begründet ist, die Trauer darüber bleibt und muß verarbeitet werden.

Als besonders tragisch habe ich immer wieder die Situation von Frauen erlebt, die in einer oder mehreren Beziehungen aus unterschiedlichen Gründen Schwangerschaften abbrechen ließen und zu einem späteren Zeitpunkt, gewollt oder ungewollt, kinderlos blieben; das eigene biologische Alter, das Alter des Mannes, der eventuell bereits eigene Kinder hat und keine weiteren wünscht, veränderte Erwartungen an die eigene Berufsrolle, eigene Unfruchtbarkeit, nicht selten verursacht durch die früheren Eingriffe, und viele andere Gründe spielen hierbei eine wichtige Rolle. In diesen Fällen kann die Trauer über das ursprünglich aufgegebene und für immer »verlorene Leben« besonders tiefe Spuren in die zukünftige Lebensgestaltung graben.

Beck-Gernsheim beschreibt in ihrem Buch »Vom Geburtenrückgang zur Neuen Mütterlichkeit?« den Widerspruch, vor dem viele Frauen heute stehen: In den offiziellen Statistiken und Befragungen wird der Eindruck erweckt, als wenn Männer einen stärkeren Kinderwunsch als Frauen hätten; diese entscheiden sich aus beruflichen Gründen oder aus Ansprüchen an eine persönlich freie Lebensgestaltung oft bewußt gegen Kinder. Dazu schreibt die Autorin: »Aber schaut man genauer hin, so wird sichtbar, wie pauschal und mißverständlich dies Bild ist: wie es bloß an der Oberfläche bleibt, damit die tieferliegenden Motivationen und Wünsche verdeckt. Denn es sind nur wenige Frauen, die Kinderhaben bloß als Belastung, Kinderlosigkeit als letzten und höchsten Schritt der ›Befreiung‹ ansehen. Dagegen kommen bei den meisten Frauen immer wieder deutliche Kinderwünsche zum Ausdruck... Typisch ist keineswegs eine klare Entscheidung gegen Mutterschaft, viel eher ein vehementer Konflikt zwischen Kinderwunsch und anderen Lebensplänen, der eindeutig eines signalisiert: das Vorhandensein *auch* eines *starken Kinderwunsches.*«[31]

Auf das Tabu dieser Aussage habe ich bereits hingewiesen. Deswegen muß hier nicht noch einmal ausführlich begründet werden, daß alle Faktoren, ob biologischer, psychologischer oder gesellschaftlicher Natur, die die Verwirklichung des Kinderwunsches verhindern, nicht über das vorhandene Elementarbedürfnis hinwegtäuschen können – und nicht über die Trauer, die mit dem Verzicht verbunden ist.

Für die Frau, die eine Partnerschaft auflöst, bedeutet daher ebenso wie für die verlassene Frau der unter dem Druck der veränderten Lebenssituation erzwungene Verzicht auf ein erstes oder auf weitere Kinder einen tiefen (vielleicht unbewußt bleibenden) Trauerprozeß.

Auch die Frau, die weggeht, muß sich mit ihrer eigenen Kindheitsgeschichte auseinandersetzen, denn mit der Trennung steht sie ebenfalls vor der Frage, welche eigenen, in die Kindheit zurückreichenden Probleme eine Weiterführung der Beziehung verhindert haben. Die Trauer über die Kindheitserfahrungen wird besonders durch die Schuldgefühle ihrem Mann und den Kindern gegenüber aktualisiert. Sie sind größer als bei der verlassenen Frau, weil sie den Stein ins Rollen brachte, der viele Hoffnungen und Träume in Leiden verwandelte und unter sich begrub.

Besonders beeindruckt war ich über diese Verbindung von Trauer und Schuldgefühl bei einer 50jährigen Frau, die sich vor fünfzehn Jahren von ihrem Mann getrennt hatte, als die Kinder noch im Vorschulalter waren. »Beide lebten bei mir, und ich habe mich immer um sie gekümmert. Jahrelang hatte ich schwere Schuldgefühle, weil ich ihnen den Vater genommen habe, obwohl sie ihn immer sehen konnten.

Inzwischen arbeiten beide sehr erfolgreich in ihrem Studium, aber in mir ist immer noch eine schreckliche Trauer.« Auf meine Frage, warum sie immer noch trauere, obwohl doch die Entwicklung so günstig verlaufen sei, antwortet sie: »Ich habe das Gefühl, daß beide Kinder heute Probleme mit Nähe und Kontakt zu anderen Menschen haben. Ich war damals in meiner Entwicklung selbst noch nicht so weit; deswegen habe ich mich auch scheiden lassen. Dadurch habe ich ihnen aber nicht das geben können, was sie gefühlsmäßig brauchten. Ich mache mir deswegen heute keine Schuldgefühle mehr – es war halt so – , aber mit der Trauer werde ich nicht fertig, und sie hindert mich, mein Leben jetzt selbst zu gestalten.«

Selbstvorwürfe gehören zu jeder Trennung, und sie können nur durch den Trauerprozeß gemildert werden, an die eigenen Grenzen gestoßen zu sein und den Konflikt nicht besser gelöst zu haben. Das ist natürlich. Aber noch fünfzehn Jahre später darüber zu trauern, was man aus eigenen emotionalen Defiziten an den Kindern versäumt hat, das kann nicht normal und gesund sein. Woran liegt es, daß dieser Befund keineswegs selten ist und bei Frauen häufiger auftritt als bei Männern – besonders bei Frauen, die gegangen sind? Je mehr man Scheidungsschicksale verfolgt, um so überzeugter wird man davon, daß dieser Befund aus einem tragischen Mißverständnis erwächst. Dieses ist das Ergebnis eines Zeittrends, in dem das Kind zum Nabel der äußeren und inneren Welt der Eltern, und speziell der Mütter, geworden ist. Im Rahmen dieser Entwicklung entsteht eine Art künstlicher Symbiose, die die normale Zeit der Abhängigkeit überschreitet und Eltern und Kinder zu sich wechselseitig Bindenden und Gebundenen und zu Ausbeutern und Ausgebeuteten macht, die ein Leben lang über Schuldgefühle aneinander gekettet bleiben. Diese schrecklichen Zirkel einer mißverstandenen Überpsychologisierung und emotionalen Überfrachtung der Eltern-Kind-Beziehung aufzubrechen ist ein vordringliches Anliegen einer Emanzipation beider Geschlechter. Die Entflechtung der engen Bindungen zwischen Eltern und Kindern ist ein wichtiger Bestandteil bei der Suche nach neuen Modellen des Zusammenlebens.

Ein wichtiger Unterschied zwischen der verlassenen und der aufbrechenden Frau soll nicht unerwähnt bleiben. Letztere leidet weniger unter Einbußen in ihrem Selbstwertgefühl und in ihrer Identität und neigt weniger zur Selbstentwertung. Im Gegenteil kann der Aufbruch – muß es aber nicht – mit einem Zuwachs an Selbstvertrauen verbunden sein. Im Fall einer neuen Beziehung entfällt für sie die Trauer über den Verzicht auf Partnerschaft und die Bewältigung der Einsamkeit.

Auch wenn man zugestehen muß, daß hier doch deutliche Unterschiede vorliegen, muß man sich klarmachen, daß die Scheidung einer Erstehe, und besonders mit Kindern, ob jemand gegangen ist oder zurückbleibt, für alle Beteiligten tiefe Umbrüche in ihrer bisherigen Lebensgeschichte heraufbeschwört und schmerzhafte Wunden aufreißt, die nur in einem langsamen Trauerprozeß ausheilen können.

Die Trauer des verlassenen Mannes

Die veränderte Rolle der Frau in der Gesellschaft hat in den letzten drei Jahrzehnten des ausgehenden Jahrhunderts dazu geführt, daß es oftmals – oder sogar in der Mehrheit – Frauen sind, die den Trennungsschritt vollziehen und den Mann verlassen.

Aber das Phänomen an sich ist nicht neu. Die Erfahrung des Mannes, von der Frau verlassen zu werden, gehört – wie die Erfahrung der Frau, vom Mann verlassen zu werden – zu einem alten Erbe in der Auseinandersetzung der Geschlechter. Sie reicht bis in die Anfänge unserer abendländischen Kulturgeschichte zurück. In der griechischen Tragödie steht das Schicksal von Medea und Jason dem von Klyteimnestra und Agamemnon gegenüber. Die Ermordung Agamemnons durch seine Frau und ihren Liebhaber Aigisthos bildet den Anfang der Tragödie des Atriden-Geschlechtes – eine aus psychologischer Sicht einzigartige Darstellung des Trennungsdramas. Ich werde bei der Besprechung der Kinder Orest, Elektra und Iphigenie näher darauf eingehen. Die Ermordung Agamemnons symbolisiert die radikalste Form des Verlassens.

Ein Sprung führt uns ins 19. Jahrhundert, in dem es zum Zusammenbruch der bürgerlichen Welt und zur beginnenden Befreiung der Frau kam.

Die Romane »Madame Bovary« von Flaubert und »Effi Briest« von Theodor Fontane und die Schauspiele »Nora« von Ibsen und Hebbels »Herodes und Mariamne« sind nur einige der berühmt gewordenen Beispiele für die Ausbrüche von Frauen aus einer als unmenschlich erlebten Lebensgemeinschaft.

Der entscheidende Unterschied zu unserer Zeit scheint mir darin zu bestehen, daß der Mann in der Hochblüte des

Patriarchats noch unfähig war zur Trauer. Die Frauen, die sich seinen Macht- und Besitzansprüchen widersetzten und seine »Ehre« verletzten, wurden umgebracht, als Hexen verbrannt, verstoßen, entehrt, enterbt und entrechtet. Diese historisch noch nicht lange zurückliegenden Zustände verweisen im Vergleich zu heute auf den fundamentalen Wandel im Verhältnis der Geschlechter und auf die Geschwindigkeit, mit der er sich vollzieht. Zwar nutzen auch heute noch viele Männer im Rahmen der schmerzhaften Trennungsphasen alle ihnen zur Verfügung stehenden Machtmittel, meist finanzieller Art, um ihre Haß- und Rachegefühle zu stillen. Aber daß sie auch fähig geworden sind zur Trauer, erscheint mir als ein neuartiger evolutionärer Schritt, der zur Hoffnung auf eine wachsende Gerechtigkeit und auf mehr Ausgleich und Annäherung der Geschlechter berechtigt. Die Ungeduld, mit der von Frauenseite eine Beschleunigung dieser Entwicklung eingefordert wird, ist verständlich. Nicht zuletzt psychoanalytische Erfahrungen zeigen jedoch, wie mühsam und zäh jeder Schritt zur Veränderung getan wird, wie Menschen nur langsam die Verkrustungen aufbrechen können, die ihre eigene und die gesellschaftliche Vorgeschichte in ihnen erzeugt haben. In dem psychologisch brillanten Roman von Sten Nadolny »Die Entdeckung der Langsamkeit« steht ein Satz, der mich für viele Frustrationen bei der analytischen Freilegung öder Seelenlandschaften, besonders bei Männern, entschädigt hat: »Ohne Langsamkeit kann man nichts machen, nicht einmal Revolutionen.«[32]

Dabei läßt sich die hier behauptete Annäherung der Geschlechter nicht alleine aus historischen Veränderungen ableiten, wie Frauenwahlrecht, gleiche Bildungschancen, Berufstätigkeit und ökonomische Unabhängigkeit der Frau.[33] Die positive Tendenz der gesellschaftlichen Entwicklung ist nicht ohne vorangegangene seelisch-strukturelle Veränderungen denkbar. So ist der vergleichsweise Fortschritt in der Beziehung der Geschlechter das Ergebnis eines langsam gewachsenen psycho-historischen Prozesses.

Die Entwicklung der Fähigkeit zur Trauer erscheint mir dabei als ein neuartiges Moment in der seelischen Evolution des Mannes. Sie ist eine Gefühlsqualität, die sich nicht nur auf persönliche Verluste bezieht, sondern dem Mitgefühl und der Mitverantwortung für Mensch, Natur und Gesellschaft entstammt. Trauer kann sich erst dort entwickeln, wo das Unvermeidliche zur inneren Gewißheit verarbeitet wurde. So bilden zum Beispiel die wachsenden Zerstörungsprozesse in unserer modernen Zivilisation, speziell im Bereich der Ökologie, die den Charakter des Unvermeidlichen angenommen haben, einen der wesentlichen Anlässe, die zur Entwicklung des Gefühls der Trauer bei vielen Männern beigetragen haben. Ein anderer Anlaß ist der Zusammenbruch des Patriarchats, auch wenn es noch in manchen Bereichen seine angestammten Rechte zu verteidigen versucht. Sein nahendes Ende hat die Abwehrstrukturen des Mannes erheblich aufgebrochen und Gefühlsqualitäten freigesetzt, die bisher eine Domäne der Frauen waren. Während früher die Klageweiber die Toten betrauerten, rüsteten die Männer zum neuen Krieg. Hier scheint sich, zumindest für die westliche Welt, ein Bewußtseinswandel anzubahnen.

Ich glaube, daß die Trauer des heutigen Mannes nach einem Partnerverlust auf diesem historischen Hintergrund gesehen werden muß und nur so besser zu verstehen ist. Die Grundlage der Fähigkeit zur Trauer ist die Veränderung der männlichen Abwehrstruktur. Die mit der massiven Flucht der Frauen aus Ehe und Partnerschaft verbundenen Gefühle der Verunsicherung, der Hilf- und Ratlosigkeit sind zu einem öffentlichen Thema geworden und haben zur Gründung vieler Männergruppen geführt, die den Zusammenbruch der männlichen Identität aufzufangen und zu verarbeiten versuchen. Viele beginnen zu begreifen, daß die Stunde des Patriarchats geschlagen hat. Manche sprechen von der einzig gelungenen Revolution in diesem Jahrhundert, einige von der größten Revolution in der abendländischen Kulturgeschichte.

Der von seiner Frau verlassene Mann repräsentiert mit seiner Erfahrung und mit seinem Leiden vielleicht am eindrücklichsten den kollektiven Umbruch. Frauen, jahrhundertelang in diesem Leiden geübt, fordert die neue Situation des Mannes kein Mitleid ab; im Gegenteil löst der Tribut, den er jetzt zu zahlen hat, bei ihnen eher Gefühle des Triumphes und manchmal einer offenen oder verdeckten Schadenfreude aus. Das ist ihnen nicht zu verübeln. Trotzdem, das alttestamentarische Prinzip des »Auge um Auge, Zahn um Zahn« blockiert den Weg zu einer Verständigung. Wenn durch solche Reaktionen die Fronten nicht wieder verhärtet werden sollen, sondern der weitere Fortschritt in der Annäherung gesucht wird, sind wechselseitige Anerkennung und die Einfühlung in die Leidensgeschichte notwendig, die Frauen und Männer in ihren je unterschiedlichen Rollen durchzustehen hatten und noch haben.

»Als mich meine zweite Frau verlassen hatte, überfiel mich eine abgrundtiefe Trauer. Ich wußte lange Zeit nicht warum. Natürlich habe ich sie geliebt und war sehr verzweifelt, als sie ging. Aber das erklärte nicht das riesige schwarze Loch. Eines Tages träumte ich von meiner ersten Frau. Sie war völlig schwarz gekleidet, ihr Haar war schneeweiß, und sie stand allein an einem Ufer und blickte verloren den Fluß hinunter. Ich wachte schweißgebadet auf. Ich hatte plötzlich das Gefühl, daß ich zum erstenmal richtig empfinden konnte, was ich ihr angetan habe, als ich sie damals mit den Kindern sitzenließ. Jetzt wußte ich auch, warum die Trauer so tief ging. Ich hatte sie jahrelang nicht wahrhaben wollen, und erst mit meiner eigenen Erfahrung tauchte sie um so heftiger wieder auf.«

Dieser Bericht eines 47jährigen Mannes spiegelt außer dem persönlichen Schicksal die generelle Aufgabe wider, vor deren Bewältigung alle stehen, die verlassen wurden: Die Trauer über das erlittene Leiden schließt die Trauer über das anderen zugefügte Leiden ein, ob es nun einem früheren Partner, den Kindern, den eigenen Eltern oder Freunden zugefügt wurde. Die Trauer enthüllt den Schuldzusammenhang des Lebens.

Was ist nun das Spezielle in der Trauer des verlassenen Mannes, und was unterscheidet sie von der Trauer der Frau? Der Mann hat eine lange patriarchale Geschichte verinnerlicht, die Geschichte von Untreue, Trennung, Scheidung und Verrat an der Frau. Wenn er jetzt selbst verlassen wird, steigt die Geschichte als böser Geist an die Ufer, erinnert ihn an seine Schuld und fordert Gerechtigkeit ein. Und so sieht er im Spiegel sein eigenes Urteil: »Ja, es ist gerecht, nach allem, was ich getan habe, was wir jahrhundertelang getan haben.« Seine persönliche Trauer wird durch die kollektive Schuld erhöht. Hier wurzelt der evolutionäre Sprung, aus dem die neue Gefühlsqualität der Trauer erwächst.

Etwas Entscheidendes kommt hinzu. Unter den Gründen, die Frauen zur Trennung veranlassen, sind es neben der Untreue spezifische männliche Eigenschaften, die die Liebe zerstört haben: Ehrgeiz, Machtstreben, Karrieresucht, Wettbewerbsdenken, Arbeitswut, Intellektualität, Gefühlsabgespaltenheit, mangelnde Einfühlung. Auch sie sind das Erbe einer langen patriarchalen Tradition, die der Mann verinnerlicht hat und die bisher seine Identität ausmachten. Solange sie unhinterfragt blieben, war der Mann frei von Leiden; sie machten ihn auch stumpf für das Leiden der Frau. Über die Veränderung dieser Selbstbilder wird viel diskutiert, aber wenig über die Trauer, die damit verbunden ist. Oft ist es eine Trennung, die die alten Strukturen aufbricht und die Leitbilder ins Wanken bringt. Die Vergangenheit verwandelt sich in einen bösen Traum, in dem man blind für die Bedürfnisse anderer war und in dem man die eigenen Wünsche nach mehr Lebendigkeit und emotionaler Bezogenheit begraben hatte. Die Trauer bezieht sich hier wieder auf beides, auf das, was man am anderen versäumt hat, und auf den Verlust an eigenem Leben, den man erst jetzt realisiert. Zu der häufig beschriebenen Hilf- und Ratlosigkeit des Mannes auf der Suche nach neuen männlichen Leitbildern gehört daher auch das Gefühl der Trauer. Ohne sie läßt sich der Zusammenbruch nicht verarbeiten und auch keine neue Identität aufbauen. In der Fähigkeit zur Trauer entscheidet sich, ob eine Veränderung gelingt.

Wenn man jedoch die genannte Beharrungstendenz des Menschen, sein unbewußtes Festhalten an verinnerlichten Ideologien und Werten berücksichtigt, darf man über die Langsamkeit der Schritte nicht überrascht sein. Wenn der verlassene Mann die Trauer zuläßt, wird er zunächst bis auf die Grundfesten seiner Identität erschüttert. In dieser Situation greift er allzu leicht auf jahrzehntelang eingeübte und »bewährte« Verhaltensmuster zurück. Erschwerend kommt hinzu, daß die gesellschaftliche Realität am Arbeitsplatz und in anderen außerfamiliären Lebenszusammenhängen, z.B. in Parteien, Gewerkschaft, Sportvereinen und anderen Interessenverbänden, das Festhalten an alten männlichen Leitbildern voraussetzt, um in einer von Leistung und Konkurrenz bestimmten Gemeinschaft überleben zu können. Hier steht der Mann vor dem gleichen Widerspruch wie die Frau, die sich bei zunehmender beruflicher Qualifikation in einer immer noch von Männern dominierten Berufswelt orientieren muß. Aber unter einer langfristigen Perspektive handelt es sich dabei nur so lange um einen Widerspruch, wie unser Denken und Handeln von der Annahme des Gegensatzpaares männlich-weiblich bestimmt wird. So verewigt auch die häufig vertretene Ansicht, der Mann müsse zur Überwindung des Widerspruchs seine weiblichen und die Frau ihre männlichen Anteile wiederentdecken und integrieren, ein jahrhundertealtes Vorurteil: Männlich ist hart, weiblich ist weich. Heute wissen wir, daß dieses dualistische Denken verhängnisvoll ist. Es entspringt einem primitiven menschlichen Abwehrmechanismus zur besseren innerseelischen Bewältigung von Konflikten: Die Unterscheidung zwischen gut und böse, Leben und Tod, männlich und weiblich erleichtert zwar zunächst die Orientierung in der Welt und dient der Identitätsfindung. Aber mit zunehmender menschlicher Reife läßt sich diese letztlich zerstörerische Spaltung überwinden und in ein einheitliches Denken überführen. Die Weichheit des Mannes ist nicht das Weib in ihm, die Härte der Frau nicht ihre Männlichkeit, sondern beide verfügen über das im wesentlichen gleiche Repertoire an Triebkräften, Gefühlsqualitäten und intellektuellen Möglichkeiten. In den gerecht verteilten Chancen, alle Fähigkeiten optimal zu nutzen, begegnen sich Frauen und Männer in ihrer widerspruchsfreien Gemeinsamkeit als Menschen.

Die Trauer des verlassenen Mannes ist für mich ein Indikator für diese heute vielleicht noch utopisch erscheinende Perspektive. Insofern kündigt sich auch in den Umbrüchen der Zeit, die tendenziell mit einer Umkehrung der Trennungsgewohnheiten zwischen Frauen und Männern einhergehen, ein Paradigmawechsel an. Das alte Paradigma, die Spaltung in männlich und weiblich, geht seinem Ende entgegen; das neue Paradigma bedeutet die Versöhnung der Geschlechter in einer neuen Einheit von persönlichen und gesellschaftlichen Interessen. Das meint ja auch Trauer in ihrer umfassenden Bestimmung: den Abschied von Überholtem, Überlebtem und Gestorbenem und die Bereitschaft zu Wandel und Neubeginn.

Außer den bisher beschriebenen Inhalten der Trauer gibt es für den verlassenen Mann, der Vater ist, einen, der am schwersten wiegt: die Trauer um die verlorenen Kinder. Ich gehe hier von dem Regelfall aus, daß die meisten Kinder, besonders im jungen Alter, bei der Mutter leben, unabhängig davon, wer sich getrennt hat. Die Gründung einer Familie mit Kindern zur Reproduktion der sozialen Gemeinschaft gehört als kollektiv verinnerlichte Rollenerwartung, so sehr sie im Einzelfall auch verdrängt sein mag, zu den zentralen Lebenszielen des Mannes und zu einem festen Bestandteil seines Ich-Ideals. Ein Vater zu sein, der die Fürsorge innerhalb der Familie und die Verantwortung ihrer Interessen nach außen hin wahrnimmt, ist ein Ideal, das ihm soziale Anerkennung sichert. Indem er das Ideal erfüllt, ist er in die soziale Gemeinschaft eingebunden und stabilisiert auf diese Weise sein soziales Ich. Spätestens seit dem bekannten Buch von Alexander Mitscherlich »Die vaterlose Gesellschaft« wissen wir, daß die Hand in Hand gehenden Umbrüche in Gesellschaft und Familie die tradierte Vaterrolle erheblich unterminiert haben. Das bedeutet jedoch nicht, daß sich das verinnerlichte Vater-Ideal entsprechend umgebildet hat. Mit diesem Widerspruch muß sich heute auch der Vater in einer äußerlich intakten Familie auseinandersetzen.

Der von seiner Frau (und den Kindern) verlassene Mann steht dagegen vor dem völligen Zusammenbruch der auch schon vorher eingeschränkten Vaterrolle und seines Vater-Ideals. Diese innere Situation findet ihre Entsprechung in der äußeren Realität: Der Kontakt mit den Kindern ist auf 14tägige Besuche eingeschränkt; das Sorgerecht besitzt die Mutter, d.h. alle wichtigen Lebensentscheidungen für die Kinder trifft sie; der Vater ist zum Unterhalt verpflichtet, während er sich in allen anderen Bereichen entrechtet fühlt. Wenn man die Erfahrung hinzunimmt, daß viele Mütter absichtlich oder unbewußt ihre Kinder dem Vater entfremden oder auch aktiv gegen ihn einnehmen, wird sein Gefühl von der Aussichtslosigkeit seiner Position noch verständlicher. Damit droht neben dem äußeren Trennungsverlust auch der Verlust seiner gesamten väterlichen Identität, zumal dann, wenn er diese von einem überhöhten Vater-Ideal abhängig gemacht hat. Der verlassene Mann muß also im Trauerprozeß außer dem Verlust der Partnerin auch den Verlust der äußeren und inneren Vaterrolle verarbeiten. Wenn dies mißlingt, kann es zu einer irreparablen Zerstörung der Gesamtidentität kommen. Sie hat, wie viele Erfahrungen zeigen, eine das weitere Leben bestimmende, nicht endende Trauer zur Folge, von der sich der Mann nie wieder erholt.

Man muß den Trauerprozeß des verlassenen Mannes in dieser Deutlichkeit formulieren, um viele Reaktionen von Vätern nach der Trennung lediglich als äußere Symptome ihrer inneren Konflikte erkennen zu können. Im Alltag dagegen wird ihr Verhalten meistens nur an diesen Symptomen und nicht an den Ursachen der Trauer gemessen und entsprechend verurteilt: Sie zahlen keinen oder zu wenig oder unpünktlich Unterhalt; sie haben kein Interesse an den Kindern, nehmen ihre Besuchsrechte nicht wahr (wehe, wenn sie mehr davon fordern!); sie haben den Kontakt zu den Kindern eingestellt, sind fortgezogen, schreiben nicht mehr, schicken keine Geschenke – keiner weiß, wo sie wohnen. Nach meiner langjährigen beruflichen Erfahrung mit solchen Trennungstragödien, die in ihren vielfältigen Variationen auch einen breiten Raum in der Scheidungsliteratur einnehmen, bin ich davon überzeugt, daß hier unermüdlich Oberflächenphänomene, d.h. nur äußere Symptome beschrieben werden, ohne den psychologischen Hintergrund auch nur annähernd zu berücksichtigen. Die Frage, warum ein Vater nicht zahlt, wenn er finanziell dazu in der Lage wäre, warum er sich nach der Trennung zu wenig um seine Kinder kümmert, und viele andere Fragen bringen uns nur dann Antworten näher, wenn man die eigentlichen Ursachen einbezieht. Vielleicht werden solche Fragen in der Öffentlichkeit zu wenig gestellt, weil dem Mann das einseitige Vorurteil anhaftet, er sei lediglich ein Verstandesmensch und verfüge wenig über eigene Gefühle. So wäre es erklärlich, daß wir heute über die Gefühlsreaktionen von Frauen nach einem Partnerverlust sehr viel mehr wissen und breiter darüber diskutieren, als über die des Mannes. Ich halte den Abbau solcher Vorurteile für dringend notwendig.

Der entmachtete, entrechtete, äußerlich von seiner Familie getrennte, seiner Vaterrolle und seines väterlichen Ich-Ideals beraubte Mann steht vor einer absoluten seelischen Katastrophe. Wie wir an früherer Stelle gesehen haben, reagiert ein Mensch zur Abwendung einer existentiellen Bedrohung, sofern er nicht über reifere Konfliktbewältigungsmuster verfügt, mit Gegenangriff, Flucht oder Totstellreflex. So habe ich, um das häufig auftretende Problem des Geldes als Beispiel zu nennen, aus vielen Behandlungserfahrungen, Alltagseindrücken und Schilderungen in der Literatur die Überzeugung gewonnen, daß die finanziellen Streitigkeiten nach einer Trennung ihre Ursache nicht primär in der wirtschaftlichen Bedeutung des Geldes haben. Mit dem Geld verbleibt dem Mann oft das letzte Macht- und Kampfmittel, das er zur Vermeidung der totalen Niederlage einsetzen kann. Diese Annahme wird durch folgende Überlegung unterstrichen: Das Prinzip der Verantwortung gehört, auch unabhängig von der Familie, als fester Bestandteil in das Arsenal männlicher Ideale. Die Veränderung der Arbeitswelt nach der industriellen Revolution hat dieses verinnerlichte Prinzip für große Teile der männlichen Bevölkerung bis zur Bedeutungslosigkeit ausgehöhlt und durch die Realität arbeitsteiliger Entfremdung ersetzt. Wenn das Prinzip nun zusätzlich durch den Zerfall der Familie untergraben wird, könnte die unbewußte Formel für den Kampf um das Geld lauten: »Wenn mir alle Verantwortung geraubt wurde, bin ich nicht bereit, die Verantwortung durch schnödes Geld zu ersetzen; Geld täuscht Verantwortung nur vor, aber Verantwortung ist nicht käuflich.« So ließe sich der Kampf um das Geld als Kampf zur Verteidigung des Ideals der Verantwortung deuten.

Aber auch den Fluchtmechanismus finden wir in den Trennungsbiographien vieler Männer wieder. »Wenn ich die Kinder nur alle vierzehn Tage sehen darf, wenn auch diese Treffen oft noch durch fadenscheinige Gründe vermindert oder erschwert werden, wenn mir die Kinder beim Abholen auf die Straße gestellt und beim Zurückbringen an der Tür in die Wohnung gerissen werden, wenn die Kinder weinen, wenn sie kommen ›müssen‹, und wieder weinen, wenn ich sie jedesmal neu verlasse, wenn ich dabei selbst zerrissen werde von Mitleid, Haß, Schuldgefühlen und Trauer, dann ist es schließlich besser, ich erspare allen Beteiligten diese Belastungen und ziehe mich zurück, damit alle ihren Frieden wiederfinden können.«

Ungefähr mit diesen Worten erklärte mir ein Vater, warum er seine Kinder, an denen er sehr gehangen hatte, schon seit geraumer Zeit nicht mehr sah. Er tröstete sich damit, daß sie den Kontakt wieder aufnehmen könnten, wenn die Kinder groß genug seien, um ihren Weg selbst zu bestimmen. Die Trauer, die er mit dieser Entscheidung zu tragen hatte, stand tief in sein Gesicht geschrieben.

Andere Männer »fliehen« in andere Städte, nicht aus Desinteresse, sondern weil es für sie der einzige Weg ist, ihre äußerlich und innerlich zerbrochene Welt wieder in ein ausreichendes Gleichgewicht zu bringen.

Auch der Totstellreflex ist nicht selten. Man findet ihn bei den Männern, die sich »um nichts mehr kümmern«. Sie müssen zu der Trauer noch die familiären und gesellschaftlichen Sanktionen verarbeiten, die diesem Verhalten in der Regel folgen.

Es geht hier nicht darum, die geschilderten Verhaltensweisen von Männern zu entschuldigen. Aber die Verständnislosigkeit und der soziale Druck, mit denen viele Frauen, Ämter und die Öffentlichkeit reagieren, erscheinen mir nicht als die geeigneten Voraussetzungen zur Überwindung der trostlosen Situation.

In diesem Zusammenhang ist noch auf das mehrfach genannte Phänomen hinzuweisen, das bei Frauen eine Mischung aus Verwunderung, Wut und Belächeln auslösen kann: die Geschwindigkeit, mit der verlassene Männer neue

Beziehungen eingehen. Durch die Katastrophe, vor der diese Männer stehen, besonders wenn sie Väter sind, werden ihnen oftmals die letzten Stützen weggerissen, auf denen sie ihr inzwischen brüchig gewordenes Selbstbewußtsein aufgebaut haben. Ihre ganze vermeintliche Macht und Stärke bricht mit der Trennung zusammen, und frühe Erfahrungen von Verlust, Ungeborgenheit und Einsamkeit überwinden die Barrieren der Gefühlsverdrängung. Schutzlos sehen sie sich einer Regression ausgeliefert, die in frühe Stadien der Kindheit zurückreicht. In dieser Situation erfüllt die neue Partnerin in erster Linie Mutterfunktionen. Entsprechend wird sie in ihrer Geborgenheit verheißenden Zuwendung stark idealisiert. Was dabei oft als sexuelles Bedürfnis erscheint, ist im psychischen Erleben viel mehr ein primäres Bedürfnis nach Zärtlichkeit, Hautkontakt und körperlicher Wärme. Die Sexualität dient dabei nur der Annäherung an diese Sehnsüchte. Eine solche Konstellation ist verständlicherweise meistens zum Scheitern verurteilt. Die Gefahr für die Frau besteht darin, wieder verlassen zu werden oder selbst wieder weggehen zu müssen; für den Mann besteht sie darin, daß er durch seine Flucht in die Illusion einer neuen »Verliebtheit« der Trauer ausweicht. Durch den trügerischen Halt in einem anderen Menschen verbaut er sich die Chancen, an der Trauer zu wachsen. Aber auch hier lassen sich deutliche Veränderungen wahrnehmen. Die Zahl der Männer nimmt stetig zu, die nach einer Trennung ein längeres Alleinsein bewußt auf sich nehmen, um den Abschied von der Partnerin und die Trauer zu verarbeiten. Die gleiche Fähigkeit zum Alleinsein zu entwickeln wie die Frau, wäre für beide eine wichtige Vorbedingung für eine neue und partnerschaftliche Begegnung.

Was für die Frau gilt, gilt auch für den Mann: Der Trauerprozeß kann nur zu reifen Konfliktlösungen führen, wenn im privaten und öffentlichen Bereich die Bereitschaft zur Versöhnung wächst. Im historischen Vergleich zeichnen sich hier Wandlungen ab, die vor wenigen Jahrzehnten noch kaum denkbar waren und die genügend Anlaß zur Hoffnung für die zukünftige Gestaltung von Beziehungen sind. So betrachtet ist der heftig geführte Streit zwischen den Geschlechtern um »das ganz normale Chaos der Liebe« (Beck, Beck-Gernsheim), ob persönlich oder in der öffentlichen Diskussion, auch als ein Zeichen des Aufbruchs und der Suche nach konstruktiven Lösungen zu verstehen. Er war früher nicht weniger dramatisch, wurde jedoch nur hinter vorgehaltener Hand und hinter geschlossenen Türen ausgetragen, wodurch er außer dem heimlichen Leid nichts bewegte.

Es wird immer einen Teil von Männern und Frauen geben, der aus charakterlich-seelischen Gründen nicht zu einem Wandel bereit oder in der Lage ist. Darin liegt jedoch kein Grund zur Entmutigung.

Die Trauer des Mannes, der geht

Auch hier stellt sich wieder die Frage: Warum sollte ein Mann, der seine Partnerin verläßt und weit häufiger als die Frau gleichzeitig eine neue Beziehung eingeht, um den Verlust trauern?

Ich möchte hier nicht in Ausführlichkeit wiederholen, was ich über die Frau geschrieben habe, die ihren Partner verläßt. Natürlich muß sich auch der Mann, der geht, mit eigenen Schwierigkeiten auseinandersetzen, die an der Trennung beteiligt waren; das schließt auch bei ihm Schuldgefühle und Trauer über die Verletzungen ein, die er seiner Frau zugefügt hat. Damit ist auch er nochmals mit seiner Kindheitsgeschichte konfrontiert, zumal sich die früh erworbenen emotionalen Blockierungen und andere seelische Probleme oftmals schon nach kurzer Zeit in der neuen Partnerschaft im Rahmen von Wiederholungszwängen erneut durchsetzen. Der große Unterschied zwischen weggehenden Frauen und verlassenden Männern besteht jedoch darin, daß sich diese Männer heute noch selten auf den Trauerprozeß einlassen. Solange sie nicht wie die verlassenen Männer zur Trauer »gezwungen« werden, können sie ihre bewährte Abwehrfassade besser aufrechterhalten und durch das Gefühl, in der neuen Beziehung mehr geliebt zu werden, kompensieren. Oft entwickeln sie erst nach mehreren gescheiterten Partnerschaften die Trauer darüber, daß mit jeder beendeten Liebe ein Stück Leben verlorengegangen ist – eigenes und fremdes. Aber ich glaube, daß sich die Situation in dem Maße ändern wird, wie das Bewußtsein für die Selbstverantwortlichkeit in einer Beziehung wächst und sich beide Geschlechter bei der Bewältigung des Trennungsdramas annähern.

Ein grundsätzlicher Unterschied zwischen Frauen und Männern, die ihre Partner verlassen haben, liegt in der

Trauer um die Kinder. Die Trauer des Vaters, der seine Kinder bei der Mutter zurückläßt, setzt sich aus verschiedenen Elementen zusammen. Zunächst ist es die Trauer über den Verlust der Kinder selbst. Nach meiner Erfahrung können Männer sehr unter diesem Verlust leiden, auch wenn sie ihn aktiv herbeigeführt haben. Diese Tatsache wird heute noch wenig berücksichtigt. Im Gegenteil werden seine Trauergefühle häufig als »Wehleidigkeit« abgetan und mit den Argumenten wie »Das hätte er sich auch früher überlegen können«, »Er ist ja selbst schuld«, »Er tut doch nur so« usw. entwertet. Diese Tendenz dürfte mit dem Mißtrauen zusammenhängen, das noch gegenüber dem veränderten Rollenverständnis vieler Männer besteht: Ihre verstärkte Verantwortung, ihre Sorge, ja ihre Liebe zu den Kindern – sind sie überhaupt echt? Können Männer überhaupt Gefühle haben?

Es ist mir schon häufig begegnet, daß Männer verachtet werden, wenn sie solche Gefühle, und speziell Gefühle der Trauer, nicht ausdrücken können, und daß sie lächerlich gemacht werden, wenn sie es tun. Hierin spiegelt sich noch die bereits beschriebene Spaltungsproblematik wider: Die Frau ist für die Gefühle, also auch für die Liebe zu den Kindern zuständig, der Mann für die rationale Planung und ökonomische Sicherung der Familiensituation. So sehr diese Spaltung bewußt überwunden werden soll und von der Realität auch in weiten Bereichen überholt wurde, so intensiv haben wir sie noch verinnerlicht und leiten unbewußt entsprechende Privilegien und Zuständigkeiten daraus ab. Wie der Mann sich durch den beruflichen Erfolg, die wachsende Macht und Intellektualität der Frau bedroht fühlt, so muß die Frau die gefühlsmäßige Öffnung des Mannes, speziell die Gefühle für seine Kinder, fürchten. Dieses Dilemma läßt sich nur gemeinsam bewältigen.

Es ist zwar unbestritten, daß Männer aus sozialen, beruflichen oder persönlichen Gründen nur allzu bereitwillig nach der Trennung die schwere Aufgabe der Kindererziehung, besonders bei kleinen Kindern, an die Mütter abtreten. Das bedeutet aber nicht, daß sie nicht mit schmerzhaften Gefühlen darauf reagieren. Männer, die ihre Familie verlassen haben, zeigen oftmals eine Gleichgültigkeit, hinter der sie ihren Schmerz und die Trauer verbergen. Auch neigen Männer nach meinen Erfahrungen weniger zu Kreidekreisreaktionen – Verhaltensweisen, bei denen ohne Rücksicht auf das Leiden des Kindes an ihm gezerrt und um seinen Besitz gestritten wird. Statt zu kämpfen, ziehen sie sich, ähnlich wie die verlassenen Männer, in Rücksicht auf die Kinder eher zurück. Daß hieran Mütter oft einen erheblichen Anteil haben, sich andererseits aber über den Rückzug beklagen, zeigt die alltägliche Praxis.

Der Vater, der seine Kinder verläßt, trauert also in erster Linie über ihren Verlust, der im wesentlichen den Verzicht auf die wechselseitige Liebe zwischen ihm und den Kindern bedeutet. Ich möchte an dieser Stelle betonen, daß ich das Bedürfnis, Liebe zu geben, für ebenso existentiell halte wie den Wunsch, geliebt zu werden. Man kann nicht nur an Lieblosigkeit verhungern, sondern auch an der Liebe erstikken, die man anderen nicht geben darf. Insofern ist Liebe ein aktives und ein passives Gefühl. Für den Menschen ist mit der Liebe ein Bedürfnis eng verknüpft, das wir aus dem Tierreich als Beschützerinstinkt kennen. Auch dieses bei Frauen und Männern tief verwurzelte Bedürfnis besonders Kindern gegenüber bleibt beim Zerbrechen einer Familie unerfüllt – auch dieser Verzicht muß betrauert werden.

Aber es gibt noch einen weiteren sehr schwerwiegenden Grund für die Trauer des Mannes, der geht. Er liegt in seinem Verrat. Wenn schon der verlassene Mann so stark unter der Auflösung seines verinnerlichten Vater-Ideals leidet, wie schmerzhaft muß dies dann für den Mann sein, der das Ideal aktiv zerstört! Der Verrat des Vater-Ideals und der damit verbundenen Loyalitätsverpflichtung den Kindern gegenüber ist mit einer tiefen Schuld verbunden. Das illustriert der

Ödipus-Mythos. Er zeigt, daß Schuld auf verschiedene Weise gesühnt werden dann. Laios, der Vater des Ödipus, hat seinen Sohn velassen, indem er ihn aussetzen ließ. Da er keine Reue, keine Anerkenntnis seiner Schuld und keine Trauer zuläßt, geht er an der Schuld zugrunde: Ödipus rächt den Verrat an dem Vater-Ideal, indem er seinen Vater erschlägt. Er selbst kündigt einen evolutionären Schritt in der menschlichen Entwicklung an. Er blendet sich selbst. Durch diese Selbstbestrafung steht er für seine Schuld ein. Symbolisch drückt die Blendung eine Umkehrung der Blickrichtung aus; durch Selbstreflexion verwandelt sich die Außenansicht der Dinge zur Innenansicht. Auf seiner langen Reise ins Exil durchleidet Ödipus einen ausgedehnten Trauerprozeß, an dessen Ende seine Schuld gesühnt ist.[34]

Der erwachsene Ödipus von heute ist ein Mann, der die patriarchalen Vater-Ideale in sich zu zerstören versucht. Selbst inzwischen Vater geworden, kann er durch wachsende Introspektion – den Blick in sein eigenes Innere – seine Gefühle der Zuneigung, Liebe und Verantwortung für seine Kinder besser einlösen; er möchte sie zur Freiheit erziehen, statt sie wie frühere Väter-Generationen in den Krieg zu schicken; er möchte ihnen Glück und Geborgenheit vermitteln und sie vor feindlichen Übergriffen der Umwelt beschützen. Der Vater, der seine Kinder verläßt, wird wieder zu Laios. Das ist seine Tragik. Im Wiederholungszwang verhält er sich wie die Väter, die er überwinden wollte, und verrät sein neues Vater-Ideal. Damit verliert er auch, wie Laios vor Ödipus, seine väterliche Autorität bei den Kindern und muß sein Versagen schuldhaft büßen. Die einzige Chance, die er gegenüber früheren Väter-Generationen hat, ist seine langsam wachsende Fähigkeit zur Einsicht und Trauer.

Der hier beschriebene Trauerprozeß scheint mir von großer gesellschaftlicher Tragweite zu sein. In einer Epoche, in der immer mehr Männer ein von Liebe, Gefühlsoffenheit und Verantwortung geprägtes Vater-Ideal entwickeln, verhindert das gewaltige Auseinanderdriften der Geschlechter gleichzeitig die Erfüllung des Ideals. Dieser kollektive Widerspruch wird zu einer Zerreißprobe für alle Beteiligten und fordert dringend Lösungen. Der Widerspruch trifft Männer stärker als Frauen. Diese haben in Abgrenzung von früheren Mutter-Idealen ebenfalls neue Ideale entwickelt, die aber in die entgegengesetzte Richtung zielen. Während die Ideale der Männer tendenziell auf ein größeres emotionales Engagement innerhalb der Familie gerichtet sind, drängen die neuen Mutter-Ideale mehr zu einer Entflechtung der engen Mutter-Kind-Beziehungen und zu einer Auflockerung der Familienstruktur durch eine stärkere außerfamiliäre Orientierung. Daß mit dieser Neuorientierung auch für die Frau Widersprüche und Gefahren in der Erfüllung ihrer Mutter-Ideale verbunden sind, ist in der Frauenliteratur zu einem breiten Thema geworden. Aber für die Bewältigung des Trennungsdramas scheint ihr Weg dem Ziel bereits nähergekommen zu sein. Dabei haben Frauen den Vorteil, daß ihr Verrat an den Kindern weniger schwer wiegt, weil sie sich in der Regel nicht von ihnen trennen müssen. Wenn sich im gegenwärtigen und wachsenden Trennungs- und Scheidungsboom die »Vaterlose Gesellschaft« nicht zu einer Katastrophe für die nachfolgenden Generationen auswachsen soll, müssen die Weichen zu neuen Wegen schnell gestellt werden.

Die Trauer der Kinder

Der Verrat an den Kindern ist zugleich ein Akt der Opferung. Im allgemeinen Sprachgebrauch werden Kinder häufig als »Opfer« einer Ehescheidung bezeichnet, weil sie die Folgen des Trennungsdramas zu erleiden haben. Hier hat der Begriff eine passive Bedeutung – ähnlich, wie man von den Opfern eines Betriebsunfalls, eines Verkehrsunglücks oder einer Naturkatastrophe spricht. Aber der Begriff hat auch eine aktive Bedeutung. Mit jeder Trennung werden Kinder im ursprünglichen Sinne »geopfert« – für eine neue Leidenschaft und Liebe, für die Idee von Freiheit und Selbstverwirklichung oder für konkrete Lebensziele wie Karriere, Erfolg, Geld und Macht.

Die Opferthematik spielt bei der Trauer der Kinder eine entscheidende Rolle. Ich habe an früherer Stelle begründet, warum ich die Situation von Scheidungskindern nicht in aller Ausführlichkeit erörtere; ich beschränke mich hier auf ihre Trauer, d.h. auf eine tiefere Dimension ihres Leidens, weil sich Erwachsene darin vielleicht am ehesten selbst begegnen und über sich und die Kinder mehr erfahren können. Aus diesem Grund wähle ich zur Illustration auch keine Beispiele aus meiner beruflichen Praxis, zumal die umfangreiche Scheidungsliteratur reichhaltige Fallschilderungen enthält.[35] Statt dessen möchte ich nochmals, wie bereits bei Medea, aus der griechischen Mythologie und Tragödienliteratur das Schicksal einiger Kinder im Beziehungsdrama ihrer Eltern darstellen. Das Leben von Scheidungskindern gehört inzwischen so selbstverständlich zu unserer täglichen Erfahrung, daß wir uns daran »gewöhnt« haben, wir sind abgestumpft gegen ihr Leiden und verweigern unser einfühlendes Verständnis. Wenn man sich dagegen bewußtmacht, daß die Beispiele aus den griechischen Tragödien deswegen so berühmt und über Jahrhunderte immer wieder nachgedichtet wurden, weil sie Grundmuster menschlicher Erfahrung darstellen, kann die Bereitschaft wachsen, jedes heutige Kind in diesem Spiegel wiederzuerkennen. Die Übertreibungen in der Darstellung lassen sich ebenso wie bei Märchen und Träumen in ihren psychologischen Aussagen symbolisch deuten.

Der radikalsten Lösung des Trennungskonfliktes sind wir bereits in der Tragödie der »Medea« begegnet. Indem die Mutter ihre Kinder tötet, opfert sie sie bewußt einer Racheidee; Jason soll für seine Untreue bestraft werden. Der Tod der Kinder symbolisiert den Grad der Zerstörung, ob körperlich oder seelisch, zu dem Gefühle wie Haß und Rache fähig sind. Die Erkenntnis, daß auch im heutigen Trennungsdrama Kinder häufig geopfert werden, erweitert den Blickwinkel auf die Tragweite unseres Handelns und unserer aktiven Mitbeteiligung. Wir sprechen in dem Zusammenhang auch von Seelenmord. Immer dann, wenn Kinder instrumentalisiert, d.h. als Machtmittel mißbraucht werden, zum Beispiel um einen Partner zu verletzen oder zu erpressen, um ein Recht durchzusetzen oder um für eine Idee zu kämpfen, besteht die Gefahr, daß die Kinder um der Durchsetzung der Ziele willen seelisch zerstört werden. Die verbreitete Empfehlung, Kinder aus dem Trennungsstreit herauszuhalten, läßt sich aber nur dann befolgen, wenn den Eltern die verborgenen Motive bewußt werden, die immer wieder zu Opferritualen treiben. Hier liegt nach meiner Einschätzung eine zentrale und bisher unbegriffene Quelle für die Trauer der Kinder – das deutliche Gespür dafür, im Paardrama für etwas geopfert zu werden, das sie nicht verstehen und womit sie nichts zu tun haben, und das Gefühl, mit jeder Opferung ein Stück eigenen Lebens zu verlieren.

Auch die Entwicklung von Ödipus läßt sich aus seiner Rolle des Opfers im Beziehungsdrama seiner Eltern erklären, eine Tatsache, die von der Psychoanalyse bisher kaum beachtet wurde.[36] Laios, so der Mythos, beging in seiner Ehe mit Jokaste einen Treuebruch, indem er sich in Chrysippos, den Sohn Pelops, verliebte und ihn entführte. Daraufhin zog er sich den Fluch der Götter Pelops, Apollon und Hera, der Schutzgöttin der Ehe, zu, wonach er keine Kinder zeugen dürfe, anderenfalls er von seinem Sohn getötet würde. Laios verstößt gegen das Gebot der Götter, zeugt Ödipus und läßt ihn aussetzen, um dem Fluch zu entgehen. Aber das Schicksal ist mächtiger. Bekanntlich erschlägt Ödipus später seinen Vater, ohne zu wissen, wer er ist, und heiratet unwissentlich dessen Frau, seine Mutter Jokaste.

Der »Ödipuskomplex« ist seit der Beschreibung Freuds von der Psychoanalyse als Kern der Neurose betrachtet worden. Er bezeichnet den Konflikt des Jungen zwischen seinen Eltern – im engeren Sinne die Liebe zu seiner Mutter und den Haß auf seinen Vater. Die Annahme Freuds, daß es sich hierbei um einen fundamentalen und zugleich unvermeidbaren Konflikt handelt, wird auch heute noch heftig diskutiert.

Hier soll uns nur die Tatsache interessieren, die Freud bei der Konstruktion des Komplexes unberücksichtigt ließ, daß das Schicksal des Ödipus seinen Ursprung in dem Verrat des Vaters an seinem Sohn, oder noch weiter zurück, in seinem Verrat an den Gesetzen der Ehe und den Geboten der Götter hat, die wir symbolisch mit unserem Gewissen, unserem Über-Ich gleichsetzen können. Das Ehedrama von Laios und Jokaste bildet den Anfang für den Leidensweg des Ödipus, für seine Gefühlsverwirrung und mangelnde Identitätsfindung. Tatsächlich finden wir den sogenannten Ödipuskomplex am deutlichsten bei Jungen aus innerlich zerrütteten und geschiedenen Ehen. Dabei wird die Entwicklung des Komplexes durch das Aufwachsen der Jungen bei der Mutter erheblich begünstigt. Entscheidend aber dürfte sein, daß die enge Bindung, Fixierung und Liebe des Jungen zur Mutter durch die bis heute noch verbreiteten Trennungsschwierigkeiten beider Partner besonders gefördert werden. Im Kampf der Geschlechter wird der Junge allzuoft auf dem Altar der mütterlichen Liebe geopfert, indem die Mutter ihn zu stark an sich bindet, als Partnerersatz mißbraucht und dem Vater entfremdet. Unter diesen Voraussetzungen wächst die Liebe des Sohnes zur Mutter und sein Haß auf den Vater in dem Maße, wie er es nicht wagen kann, die ihn allein versorgende Mutter zu enttäuschen, da er sonst auch noch ihre Liebe verlieren würde.

Aus dieser Beschreibung wird erkennbar, daß der Ödipuskomplex kein unvermeidbares Schicksal ist, sondern aus einer gestörten Beziehungsdynamik im Mutter-Vater-Sohn-Dreieck erwächst. Wie ambivalent diese Beziehungen sind, wird spätestens dann deutlich, wenn der erwachsene Sohn bei dem Versuch, sich aus der mütterlichen Umschlingung zu befreien, seinen verdrängten Haß auf die Mutter in dramatischen Ablösungskämpfen neu belebt und wenn er gleichzeitig versucht, die ihm versagte Identifizierung mit dem Vater nachzuholen und sich mit ihm in Liebe zu versöhnen.

Bis ihm dieser schwierige Schritt gelingt, muß er einen komplexen Trauerprozeß durchlaufen. Der Ödipus von damals wie von heute trauert darum, von seinem Vater verlassen worden zu sein; er trauert darüber, ihn nicht lieben zu können (dürfen), sondern ihn hassen zu müssen, ihn symbolisch zu »erschlagen«; die damit verbundenen Schuldgefühle verstärken die Trauer. Ödipus trauert außerdem in Identifikation mit seiner Mutter um ihr verlorenes Glück und übernimmt die Rolle des tröstenden und fürsorglichen Beschützers, womit er meist überfordert ist. Und schließlich und am tiefsten trauert er darüber, geopfert worden zu sein und dadurch seinen eigenen Weg verfehlt zu haben.

Dem Jungen Ödipus steht das Mädchen Elektra gegenüber. Von ihrer Person hat C.G. Jung als Gegenstück den »Elektrakomplex« abgeleitet, der den Konflikt der Tochter zwischen der Liebe zu ihrem Vater und dem Haß auf die Mutter bezeichnet. Auch bei der Beschreibung dieses Komplexes wird meist übersehen, daß Elektra ein Opfer im Beziehungsdrama ihrer Eltern ist.

Elektra war die Tochter von Klytaimnestra und Agamemnon und die Schwester von Iphigenie und Orest. Die Tragödie der Atriden, so nannte sich das Geschlecht, beginnt damit, daß Agamemnon seine jüngste Tochter Iphigenie zu opfern bereit ist, um von den Göttern günstige Winde für seine Kriegsflotte auf dem Feldzug gegen Troja zu erbitten. Dies ist der Beginn des Ehedramas, denn Agamemnon weiß, daß er mit der Bereitschaft, die Tochter der Staatsräson zu opfern, die Muttergefühle von Klytaimnestra schwer verletzt hat.[37] Die Göttin Artemis rettet Iphigenie und erwählt sie zu ihrer Priesterin in Tauris.

Goethe hat in seinem Schauspiel »Iphigenie auf Tauris« die fast geopferte, verlassene und heimatlose Tochter zur Repräsentantin eines neuen Humanitätsideals gemacht. Iphigenie ersetzt das Prinzip von Rache, Lüge, Haß und Verrat durch das Prinzip der Wahrheit und Liebe. In einem Trauerprozeß um den tragischen Tod ihrer Eltern wird sie so mit ihrem eigenen Schicksal versöhnt.

Elektra dagegen erleidet ein anderes Schicksal. Als Agamemnon nach seiner Rückkehr aus Troja von Klytaimnestra und ihrem Geliebten Aigisthos umgebracht wird, beweint sie den Tod des geliebten Vaters und sinnt auf blutige Rache an der verhaßten Mutter, die ihr den Vater entriß. Als ihr Bruder Orest aus der Verbannung zurückkehrt – so die Version in Sophokles' Tragödie »Elektra« –, stiftet sie diesen zum Mord an der Mutter und an Aigisthos an.

Von den vielen Nachdichtungen der Tragödie hat Eugene O'Neill mit seiner Trilogie »Trauer muß Elektra tragen« den Antikenstoff am gültigsten unter psychoanalytisch-familiendynamischen Gesichtspunkten in unsere Moderne fortgeschrieben. Ich referiere hier das Stück in der notwendigen

Kürze, weil es das heutige Schicksal des Mädchens im Trennungsdrama, den »Elektrakomplex«, bis hin zum Trauerprozeß exemplarisch aufzeigt und ihn zusätzlich mit dem »Ödipuskomplex« verzahnt. Auf diese Weise wird auch die vom Trennungsdrama verursachte Geschwisterproblematik deutlich.

Der Ort der Handlung ist in die Zeit des amerikanischen Bürgerkriegs verlegt. Ezra Mannon (Agamemnon), ein ehemaliger Richter und Bürgermeister, soll in Kürze als Nordstaatensieger nach Hause zurückkehren. Seine Frau Christine (Klytaimnestra) unterhält eine heimliche Liebe zu dem Kapitän Adam Brant (Aigisthos). Ihre Tochter Lavinia (Elektra) hat das Geheimnis entdeckt und gerät in eine haßerfüllte Auseinandersetzung mit der Mutter. Diese, in die Enge getrieben, gesteht ihr, daß sie ihren Mann nur bis zur Hochzeit geliebt hat und danach nur noch Haß und Ekel vor ihm empfand. Trotzdem war sie ihren gesellschaftlichen Pflichten als Ehefrau nachgekommen. Im Laufe der Trilogie wird der Hintergrund für ihren Gefühlswandel deutlich: Ezra ist ein bürokratischer, leistungsorientierter Chauvinist, unfähig zu jeder echten Zärtlichkeit und Liebe. Für Lavinia wird nach der Enthüllung der Mutter klar:

Lavinia: »Ich bin also aus deinem Ekel geboren! Das habe ich schon immer geahnt, Mutter – schon von klein auf –, wenn ich zu dir kam – voller Liebe – und du mich jedesmal weggestoßen hast! ... Oh, ich hasse dich! Und ich habe allen Grund dazu.«[38]

Die frühe Erfahrung der Ablehnung durch die Mutter erzwingt im Gegenzug zu dem wachsenden Haß eine intensive Liebe zum Vater:

Lavinia: »Ich liebe Vater mehr als irgend etwas auf der Welt. Ich würde alles tun, um ihn vor einer Kränkung zu bewahren.«[39]

Sie identifiziert sich mit ihrem Vater, nachdem ihr die Identifikation mit der Mutter verwehrt ist, und setzt sich in ihrer Liebe zu ihm und in Konkurrenz zur Mutter an deren Stelle. Zu ihrem Jugendfreund sagt sie: »Ich kann niemand heiraten, Peter. Ich muß zu Hause bleiben. Vater braucht mich.«

Peter: »Er hat doch deine Mutter.«

Lavinia ›scharf‹: »Mich braucht er mehr!«[40]

Die Mutter sagt es direkt: »Ich kenne dich, Vinnie! Ich habe dich beobachtet, wie du von klein auf das gleiche versucht hast wie jetzt! Du hast versucht, die Frau deines Vaters zu werden! Du hast schon immer geplant, mir meinen Platz zu rauben!«[41]

Der Mutter-Vater-Tochter-Konflikt wird ergänzt und verschärft durch den Mutter-Vater-Sohn-Konflikt. Der jüngere Bruder Orin (Orest) kehrt als verwundeter Leutnant aus dem Krieg zurück. Er stand unter dem Kommando seines Vaters, der aus dem »Bubi« und Schürzenkind seiner Mutter »einen Mann gemacht hat«[42]. Die Mutter hängt in abgöttischer Liebe an ihrem Sohn.

Lavinia, ›mit seltsam bitterer Eifersucht‹: »Aber Orin hast du geliebt! Warum hast du ihn nicht auch gehaßt?«

Christine: »...die meiste Zeit während der Schwangerschaft war dein Vater mit der Armee in Mexiko. Ich hatte ihn vergessen. Und als Orin geboren wurde, schien er mein Kind zu sein, meins allein, und deshalb liebte ich ihn.«[43]

Orest ist in die Rolle des Ödipus geraten. Von seiner Mutter als Partnerersatz geliebt und gebunden, von seinem Vater deswegen abgelehnt und durch die Schwester aus der väterlichen Zuneigung verdrängt, entwickelt er seinerseits eine verhängnisvolle Liebe zur Mutter:

Orin: »... egal, was du auch getan hast, ich liebe dich mehr als alles in der Welt...«[44]

»Wenn du wüßtest, wie sehr ich mich danach gesehnt habe, hier bei dir zu sein – so wie jetzt!« ›Er lehnt seinen Kopf an ihre Knie. Seine Stimme wird verträumt und leise und zärtlich.‹ »Ich habe immer ganz wundervoll von dir geträumt... Nur wir zwei waren da – du und ich... Und jetzt werde ich dich nie mehr verlassen. Ich will weder Hazel (seine Freundin, H.P.) noch sonst jemand.« ›Mit einem zärtlichen Grinsen‹: »Du bist mein einziger Schatz... Und weißt du noch, wie ich dir immer das Haar bürsten durfte und wie gern ich es tat? Du hast immer noch das gleiche schöne Haar, Mutter.«[45]

Mit der äußeren Familienkonstellation der Mannons hat O'Neill die repräsentative Kleinfamilie im Spätkapitalismus beschrieben: Mutter, Vater und zwei Kinder, idealtypisch ein Junge und ein Mädchen. Die emotionalen Verstrickungen ihrer Mitglieder führen schließlich zum Zerbrechen der Familienstruktur und verwandeln das innere Drama zur äußeren Tragödie.

Ezra kehrt zurück, verändert und geläutert durch einen barbarischen Krieg – zeitgemäß kann man auch sagen, durch eine von Machtkampf, Enttäuschungen und gefühlsmäßigen Entbehrungen gekennzeichnetes männliches Leben. Er versucht, sich seiner Frau zu öffnen und ihre Liebe zurückzugewinnen:

»Ich habe über mein Leben nachgedacht – wenn ich nachts wachlag – und über deines... Doch ich erkannte nur das eine –, daß zwischen uns immer eine Schranke gewesen war – eine Mauer, die uns voreinander verbarg!... Vielleicht hast du schon immer gewußt, daß du mich nicht liebst. Mir fällt der Krieg in Mexiko ein. Du wolltest, daß ich mitkämpfe. Ich hatte das Gefühl, du hättest angefangen, mich zu hassen... Als ich heimkehrte, gab es für dich nur noch dein neues Baby, Orin. Ich war kaum noch für dich vorhanden. Ich habe mich bemüht, Orin nicht zu hassen. Ich wandte mich Vinnie zu, aber eine Tochter ist keine Ehefrau. Da beschloß ich, meine Pflicht in der Welt zu tun, mich nicht um dich zu kümmern und dich dein eigenes Leben führen zu lassen... Ich bin heimgekehrt, um dir meine innersten Gefühle preiszugeben. Ich liebe dich. Ich habe dich damals geliebt und all die Jahre über, und ich liebe dich jetzt... Ich habe es dir vermutlich nie richtig gesagt oder gezeigt. Etwas in mir läßt mich verschweigen, was ich am liebsten sagen möchte. Etwas läßt mich starr in meinem eigenen Herzen sitzen – wie das Standbild eines Toten auf einem Marktplatz.«[46]

Ezras Wandlung kommt zu spät. Die Entfremdung ist zu groß geworden. Christine vergiftet ihren herzkranken Mann mit falschen Medikamenten und hofft, sich auf diese Weise für eine neue Liebe freimachen zu können. Aber die vatergebundene, rachsüchtige Tochter und der muttergebundene eifersüchtige Sohn gönnen ihrer Mutter die Befreiung nicht. Gemeinsam bringen sie Kapitän Brant um und treiben die Mutter in den Selbstmord. Orin, von Schuldgefühlen zerrissen, sieht keine Möglichkeit mehr zu einem neuen Leben. Auch er erschießt sich, während Lavinia die Trauer der Familientragödie auf sich nimmt; sie zieht sich vom Leben und der Liebe in das düstere Familienhaus zurück und schließt die Fensterläden. Beide Kinder sind unfähig geworden, ohne den geliebten Elternteil zu leben. So zerbrechen sie nach dem Tod der Eltern nicht nur an ihren Schuldgefühlen, sondern auch an ihrer pathologischen Liebe.

O'Neill hat mit seiner Neubearbeitung der Atriden-Tragödie das Drama der modernen Trennungsfamilie mit äußerster Konsequenz nachgezeichnet. Zunächst entdeckt er in Orest eine dem Ödipus verwandte Thematik. Beide bringen ihre Mütter um bzw. treiben sie in den Selbstmord, um dem Inzest zu entgehen oder sich aus ihm gewaltsam zu befreien, nachdem für beide das vor dem Inzest schützende Objekt, der Vater, verlorengegangen ist. Durch diesen meisterhaften psychologischen Kunstgriff gelingt ihm die Verknüpfung und wechselseitige Verstärkung des Ödipus- und Elektra-Komplexes. Beide Komplexe entwickeln sich nicht nur aus der pathologischen Beziehungsstruktur zu den Eltern, sondern bekommen ihre Eigendynamik auch aus der um die Eltern zentrierten Geschwisterrivalität – aus Neid und Eifersucht auf die Liebe des gleichgeschlechtlichen Elternteils. Dieser Geschwister-Komplex greift aktiv in das Beziehungsdrama der Eltern ein und beschleunigt das Auseinanderbrechen der Ehe. Wir haben es hier nicht nur mit einem Eltern-Kind-Dreieck, sondern mit einem um die Geschwisterrivalität konflikthaft zugespitzten Familien-Viereck zu tun. Die latente Haßspirale, in die alle Beteiligten verwickelt sind, bricht mit unverhüllter Gewalt an die Oberfläche, wenn die Struktur zerbricht und das Trennungstrauma von allen verarbeitet werden muß.

Ich glaube, daß O'Neill hier ein Tabu gebrochen hat, das in seiner ganzen Tragweite weder vom öffentlichen Bewußtsein noch wissenschaftlich ausreichend erkannt ist. Wenn bisher von der Opferrolle der Kinder die Rede war und von der Trauer, die für sie damit verbunden ist, so enthüllt das aufgedeckte Tabu die Kehrseite der Opferrolle: Aus den Opfern werden Täter. Vielleicht ist es hauptsächlich das Schuldgefühl der Erwachsenen über das den Kindern zugefügte Leid, das die Tabuschranke errichtet hat. Aber auch die elterliche Angst wird verdrängt. Denn Ödipus, Orest und Elektra als Repräsentanten kindlicher Leidenschaft stehen für die nachfolgende Generation; die Kinder, die in pathologische Liebe und Vergeltungshaß verstrickt sind, rächen das an ihnen begangene Unrecht durch »Vater- und Muttermord«.

Wenn wir die Mythen auf ihren symbolischen Gehalt hin entschlüsseln, können sie uns über die verschiedenen Formen kindlicher Täter- und Mittäterschaft aufklären. Es ist eine geläufige Tatsache, daß sozial abweichendes Verhalten bei Kindern und Jugendlichen wie Schuleschwänzen, Schulscheitern, berufliches Versagen, Verwahrlosung, Alkohol- und Drogensucht und Kriminalität in einem statistisch hohen Zusammenhang mit zerbrochenen Familien steht. Die gängige Sichtweise ist es, solche Entwicklungen auf soziale und familiäre Mißstände zurückzuführen, wie sie in Scheidungsfamilien gehäuft auftreten, und die Betroffenen in der passiven Opferrolle zu sehen. Diese Sichtweise ist nicht falsch, aber unvollständig, da sie die Dialektik, d.h. die wechselseitige Bedingtheit von Opfer- und Täterrolle, unberücksichtigt läßt. Was grundsätzlich für jeden Erwachsenen gilt, der die Opferrolle in seiner Weise in die Täterrolle umkehrt, trifft auch auf Kinder zu. Wir wissen, daß die genannten sozialen Auffälligkeiten einen enorm alarmierenden und appellierenden Charakter haben und das familiäre Binnengefüge und das soziale Umfeld geradezu terrorisieren können. Das Gewissen der Familie, ja das Gewissen der Nation werden aufgerufen, wenn es auf individueller und kollektiver Ebene zu solchen Entgleisungen kommt. Hier liegt die Täterschaft in der aktiven Erzeugung eines schlechten Gewissens als Rache für erlittenes Unrecht.

Aber es gibt auch stillere Formen, die nicht ohne Wirkung sind. Diese reichen vom geheimen Spiel mit der Macht bis zur Entwicklung psychischer und psychosomatischer Symptome und Erkrankungen. In ihnen steckt ebenfalls ein unbewußtes Widerstandpotential.

Wenn man besonders in der therapeutischen Praxis immer wieder erlebt, unter welchen Druck von Schuldgefühlen getrennte Eltern durch das Verhalten ihrer Kinder geraten können, welche Kopfstände, Verrenkungen und sinnlose, ja geradezu fehlangezeigte Anstrengungen sie unternehmen, um die Kinder zu beschwichtigen – und damit gleichzeitig ihr eigenes Gewissen –, dann wird einem die rigorose, bis zur Rücksichtslosigkeit reichende Zerstörungskraft nur zu deutlich, die Kinder aktiv gegen die Eltern in Szene setzen können. Dabei schädigen sie sich allerdings in der Regel ebenso wie die Eltern. Die Selbstschädigung kann offensichtlich ausagiert werden (z.B. bei Drogenmißbrauch) oder sich als nach innen gerichtete Aggression zeigen (Selbstmorddrohungen und Selbstmordversuche bis zum gelungenen Selbstmord) oder schließlich Gewalt und Mißhandlung provozieren, mit denen Eltern auf die Provokationen und die Rache ihrer Kinder reagieren.

Die Schädigung der Eltern, ihre »Ermordung«, reicht von der ständigen Aktivierung ihrer Schuldgefühle, die einen Erwachsenen auf Dauer moralisch vollständig unterhöhlen können, über dauerhafte narzißtische Kränkungen mit dem Verlust der Selbstachtung (z.B. durch das persönliche oder soziale Scheitern des Kindes) bis hin zur aktiven Zerstörung neuer Partnerschaften.

Ich habe bereits an früherer Stelle beschrieben, daß die Schuld, die sich Kinder für die Trennung der Eltern geben, mit ihrem verdrängten Haß zusammenhängt. Wie ernst wir dieses Gefühl der Schuld nehmen müssen, wird erst jetzt aus der genaueren Betrachtung der kindlichen Mittäterschaft erkennbar. Ich glaube, daß Kinder ihre Mitbeteiligung sehr genau spüren, genauer, als sie von Erwachsenen wahrgenommen und eingestanden wird. Dies dürfte damit zusammenhängen, daß Eltern erfahrungsgemäß die Struktur ihrer Beziehung zu den Kindern nur selten durchschauen. Für Männer wie für Frauen ist es gleichermaßen schwer, sich in der Rolle des Laios oder Agamemnon, der Jokaste oder Klytaimnestra zu sehen, d.h. ihre wahren Gefühle den Kindern gegenüber zu erkennen und die Intensität an Liebe und Haß der Kinder ihnen gegenüber richtig einzuschätzen.

Aber Ödipus, Orest und Elektra sind nicht nur Symbolgestalten kindlicher Leidenschaft, die sich in der zerstörerischen Kraft ihrer Gefühle und Wünsche erschöpfen. Das Besondere an ihnen ist, daß sie sich dieser Kraft auch bewußt geworden sind und über das von ihnen angerichtete Leid trauern. Ödipus trauert, Elektra trauert und auch Orest wird nach der griechischen Sage vom Wahnsinn befallen und bis zu seiner Entsühnung jahrelang von den Erynnien verfolgt, von Rachegeistern, die sich leicht als quälende Schuldgefühle deuten lassen.

Im Beziehungsdrama ihrer Eltern werden auch Kinder schuldig, ob sie es wollen oder nicht. Von der Gestaltung des Dramas hängt es ab, wie tief sie in ihre eigene Schuld verwickelt werden. Entsprechend ausgedehnt ist ihr Trauerprozeß über ihre Mitbeteiligung und Schuld. Damit er nicht in die gleichen Abgründe mündet wie bei den drei Kindern des griechischen Mythos, müssen neue Wege aus dem Trennungsdrama gefunden werden. Dazu war es mir wichtig, die Täter- und Mittäterschaft von Kindern als Quelle ihrer Schuld und Trauer ausführlicher darzustellen. Und das aus folgenden Gründen: Solange wir an der Ideologie der »heilen Familie« und an traditionellen Familienmustern orientiert bleiben, werden wir beim Scheitern einer Ehe – wegen unserer eigenen Schuldgefühle – die Kinder lediglich in ihrer Opferrolle sehen und uns darin mit ihnen identifizieren. Das hindert uns aber daran, ihre Mittäterschaft wahrzunehmen und zu akzeptieren, daß sich dahinter bei näherem Hinsehen auch ein großes Potential eigener Aktivität und eine gesunde Form von Protest und Widerstand verbirgt. Ich glaube, daß wir die vitale Kraft und Anpassungsfähigkeit von Kindern an die gewandelten Bedingungen sozialen Zusammenlebens unterschätzen, indem wir sie in der Opferrolle fixieren; damit vertrauen wir gleichzeitig zu wenig auf ihre Autonomie- und Individuationswünsche, die, zur Pubertät und Adoleszenz hin anwachsend, eine Öffnung der Familie und eine kreative Neugestaltung von Kultur und Gesellschaft anstreben.

In diesem Bewußtsein wären Erwachsene besser in der Lage, innere Entwicklungen bei ihren Kindern zu fördern, die dem äußeren Wandel seinen Katastrophencharakter nehmen. Erwachsenen selbst würde dieses Bewußtsein helfen, das Trennungsdrama zu entschärfen, indem irrationale Schuldgefühle besser neutralisiert und neurotische Bindungsmuster zu den Kindern entflochten werden. Unter dieser Bedingung müssen Kinder ihre Gefühle nicht mehr so stark in Liebe und Haß aufspalten, sondern können sie zusammenführen. Dadurch wird ihnen eine ambivalenzfreiere Beziehung zu beiden getrennt lebenden Eltern möglich sein.

Was hier, gemessen an einer breiten Realität, vielen noch als Utopie erscheinen mag, ist aber nichts anderes, als was von einem Teil der Trennungspaare heute bereits gelebt wird. Erfahrungsgemäß erleiden ihre Kinder auch ein geringeres Trennungstrauma und können an dem Trauerprozeß besser reifen.

Die Versöhnung

Versöhnung ist die schwerste und reifste Leistung des Menschen im Umgang mit inneren und äußeren Konflikten. Vielleicht ist das der Grund dafür, warum der Begriff »Versöhnung« relativ selten und dann meist, wie wir sehen werden, in einer sehr eingeschränkten Bedeutung auftaucht. Aber auch wissenschaftlich ist der Begriff, z.B. in der Psychoanalyse oder in der Konflikt- und Friedensforschung, bisher kaum beachtet worden. Es ist, als ob der psychischen Evolution des Menschen die Versöhnungsfähigkeit noch nicht zuerkannt wird. Der einseitige Blick auf seine wölfische Natur (homo homini lupus est[47]) hat das Zutrauen in seine Friedensbereitschaft verstellt. Ich sehe darin die Gefahr der selffullfilling prophecy, einer sich selbst erfüllenden Prophezeiung, wonach zum Beispiel einem Kind, dem man ständig seine Bösartigkeit nachsagt, schließlich kein anderer Ausweg mehr bleibt, als bösartig zu werden. Der umgekehrte Fall, die Liebesfähigkeit, die Freundlichkeit oder das soziale Gewissen eines Kindes wahrzunehmen, anzuerkennen und zu unterstützen, ist noch keineswegs zur Selbstverständlichkeit geworden. Entsprechend diesen frühen Erfahrungen gehen dann auch Erwachsene miteinander um.

Wenn wir allerdings nach Auswegen suchen, das durch die gesellschaftlichen Umbrüche und das Zerbrechen familiärer Strukturen entstehende Leid zu mildern, ist es wichtig, die Blickrichtung umzukehren und die Auseinandersetzung mit der Fähigkeit zur Versöhnung zu vertiefen. Daß der Mensch dem Menschen auch ein Freund sein kann, könnte sich dabei als ermutigende Perspektive herausstellen.

Was heißt Versöhnung im Drama von Trennung und Scheidung? In einem Beratungsgespräch erzählt mir ein geschiedener Vater von der Entfremdung zwischen ihm und seinem Sohn, die nach der Trennung von der Familie eingesetzt und sich im Laufe der Jahre vertieft habe. Er schien unter dem Gefühl sehr zu leiden. Deswegen war ich nicht überrascht, als er sagte: »Mein sehnlichster Wunsch ist es, mich mit meinem Sohn zu versöhnen.« Ich fragte ihn, was nach seiner Meinung zu der Entfremdung geführt habe und was er selbst zu der Versöhnung beitragen wolle. Seine Antwort erscheint mir in vieler Hinsicht typisch: »An allem ist meine Frau schuld; sie wurde mit der Trennung bis heute nicht fertig. Sie hat Felix von Anfang an auf ihre Seite gezogen, er wurde ihr ein und alles, während sie mich vor ihm immer schlecht gemacht hat. Ich weiß keine Lösung. Ich habe mich inzwischen auch zurückgezogen; der ständige Streit um den Unterhalt und das Besuchsrecht hat mich entnervt. Am Anfang habe ich mich sehr um ihn bemüht, aber jetzt ist er groß genug, jetzt ist er mal an der Reihe, wenn er überhaupt noch Kontakt zu mir haben will.«

Bei aller Sehnsucht zeigte die Antwort deutlich, daß der Vater zu diesem Zeitpunkt noch nicht zur Versöhnung in der Lage war.

Versöhnung hat, wie oft fälschlich gemeint wird, keinerlei Sinn- und Sprachverwandtschaft mit dem Wort »Sohn«. Dieses Wort entstammt verschiedenen geographischen Sprachräumen und -zeiten und hatte als gemeinsame Wurzel immer die Bedeutung von »gebären«.

Das Wort Versöhnung dagegen hat seine Stammwurzel in dem althochdeutschen »suona« und dem mittelhochdeutschen »süene«, deren Hauptbedeutung »Sühne« ist; daneben bedeuten sie auch »Urteil, Gericht, Schlichtung und Friede«. Das Stammwort »Sühne« wird heute für »Wiedergutmachung, Bußleistung und Strafe« verwandt. Ethymologisch wird vermutet, daß die Wortgruppe von der Grundbedeutung »still machen, beschwichtigen und beruhigen« ausgeht. Nach diesen Wortbedeutungen setzt Sühne eine Schuld voraus. Schuld ist an die Übertretung und Verletzung innerer wie äußerer Gebote gebunden. Sie reicht von den eigenen unerlaubten und »sündigen« Gedanken, Phantasien und Wünschen bis zu dem an anderen begangenen Unrecht. Das bedeutet, Sühne betrifft in erster Linie das Böse in einem selbst, und entsprechend meint Versöhnung das Erkennen und Anerkennen der eigenen negativen Anteile oder, mit anderen Worten, des eigenen bösen Schattens.

Die Sühne oder Versöhnung mit der eigenen Schuld ist nach dieser Definition grundsätzlich vom Schuldgefühl zu unterscheiden, dem wir bisher die Rolle zugewiesen haben, für die Verarbeitung der Schuld verantwortlich zu sein. Das Schuldgefühl hat aus psychoanalytischer Sicht seinen Sitz im Über-Ich, das wir auch als Gewissen bezeichnen. In ihm haben sich die in der Kindheit von außen kommenden Verbote und Strafen zu einer inneren Instanz umgewandelt, die jetzt die Aufgabe der Kontrolle und Überwachung der Triebvorgänge übernommen hat. Diese Funktion führt zu einem ständigen inneren Spannungsverhältnis zwischen den nach Befriedigung drängenden Triebbedürfnissen und dem verbietenden und strafenden Charakter des Über-Ich. Das Ich als vermittelnde Instanz wird von diesem Spannungsverhältnis dauerhaft belastet. Freud hat in seiner Arbeit »Totem und Tabu« beschrieben, daß die vom Über-Ich errichteten Tabus und Verbote und das dadurch erzeugte Spannungsverhältnis ein ständiger Stachel im Fleisch bleiben, weil die Triebkräfte und das Ich danach drängen, das Spannungsverhältnis durch Mißachtung der Verbote zu durchbrechen und aufzulösen. Das Schuldgefühl hat eine entscheidende Funktion innerhalb dieses Spannungsverhältnisses; es hält den Widerspruch zwischen den Anforderungen des Über-Ich auf der einen und des Ich und der Triebkräfte auf der anderen Seite in Schach und versucht, das Aufbrechen der Verbotsschranke zu verhindern. Darin bleibt aber das Über-Ich eine dem Ich übergeordnete und ihm entfremdete Instanz, der es sich nur widerwillig unterwirft.

Die Versöhnung gehört dagegen nach obiger Definition keiner dem Ich fremden Instanz an, sondern sie ist eine integrierende Leistung des Ich selbst. Indem das Ich die Sühne für seine Schuld auf sich nimmt, versöhnt es sich mit den antagonistischen Kräften zwischen der Welt der Triebe und dem Gewissen – es beruhigt, beschwichtigt und befriedet den spannungsgeladenen Kampf der inneren Kräfte.

Diese zunächst sehr theoretisch klingende Unterscheidung zwischen Schuldgefühlen, die vom Gewissen ausgehen, und der Versöhnung als einer Sühneleistung des Ich erscheint mir unverzichtbar, weil sie zum Verständnis der Versöhnungsfähigkeit von großer praktischer Bedeutung ist. Denn die Erfahrung zeigt, daß zwar die meisten Menschen unter Schuldgefühlen leiden, ja daß viele unter dem Druck eines geradezu tyrannischen Über-Ich stehen, daß sie deswegen aber nicht daran gehindert werden, bewußt oder unbewußt ständig neues Unrecht zu verursachen. Die verändernde Kraft des Schuldgefühls ist sehr begrenzt, weil es sich einer zunächst äußeren und später verinnerlichten Macht verdankt, die dem Ich aufgezwungen wird und gegen die es deswegen ständig rebellieren muß. Erst wenn das Ich in seiner Entwicklung zu einer eigenen Stärke gelangt ist, kann es die Verantwortung für sich selbst übernehmen.

Es gehört daher zu einer der großen Herausforderungen der Kulturgeschichte, die kindliche Sozialisation so zu gestalten, daß die Ich-Kräfte des Subjekts wachsen können und das Ich unabhängiger von der entfremdeten Instanz des Über-Ich wird. Viele Psychoanalytiker formulieren den Zusammenhang anders, indem sie zwischen einem »guten«, freundlichen und fördernden Über-Ich, das dem Ich hilfreich zur Seite steht, und einem »bösen«, strengen und verurteilendem Über-Ich unterscheiden. So sinnvoll dies theoretisch sein mag – in der Praxis erweist sich das Schuldgefühl selten als unterstützend, sondern eher als die Eigenentwicklung behindernd. Nur wo das Ich in freier Selbstbestimmung die Aufgaben seiner sozialen Zusammengehörigkeit integriert hat, kann es auch für sein Handeln einstehen.

Die Versöhnung als Sühneleistung des Ich bezieht sich sowohl auf das eigene Selbst wie auf das Du. Das erste ist die Voraussetzung für das zweite. Erst wenn ich mich mit mir selbst versöhnt habe, gelingt mir die Versöhnung mit den anderen. Die Versöhnung mit sich selbst ist das Schwerste. Es erfordert ein hohes Maß an Bewußtsein, Offenheit und Mut, sich einzugestehen: »Ich kann böse, gemein und verletzend sein; ich bin hinterhältig und nachtragend; ich bin einerseits hochmütig, arrogant und überheblich, andererseits aber sehr kränkbar; ich liebe Macht und Überlegenheit, und mein Egoismus ist oft stärker als mein Mitgefühl für andere; ich liebe eigenen Besitz und teile ungern.« Diese Kette von Eigenschaften ließe sich beliebig fortsetzen. Sie alle gehören, mehr oder weniger ausgeprägt, zu den Schattenseiten unseres Wesens. Einige sind uns bewußt, könnten uns wenigstens bewußt sein, wenn wir ehrlich mit uns umgehen; andere sind unbewußt gemacht worden – wir haben sie verdrängt, vergessen, wir verleugnen sie oder projizieren sie auf unsere Mitmenschen nach dem Motto: »Der Böse, Schuldige, Gewalttätige, Ungerechte, Feindselige ist immer der andere.« So entstehen Feindbilder, die uns selbst ein gutes Gewissen und ein positives Selbstbild bewahren. Denn der Blick in den eigenen Spiegel konfrontiert uns mit unseren Leidenschaften, mit verschlingender Liebe wie mit tötendem Haß, mit unserem Größenwahn ebenso wie mit Gefühlen absoluter Kleinheit, Wertlosigkeit und Ohnmacht. Erschrocken weichen wir zurück: »Nein, das können wir nicht sein!« Angst entsteht, und unerträgliche Schuldgefühle würden folgen, wenn es wahr wäre, was wahrzunehmen wir uns weigern. Keiner gibt sich gerne dem Wahnsinn preis. So entwickeln wir Abwehrtechniken, die uns blind machen für den Blick in den eigenen Abgrund.

Unsere Kultur hat an diesem gigantischen Täuschungsmanöver einen erheblichen Anteil. Nicht nur, daß die Kräfte unseres Unbewußten in ihr keinen Platz mehr haben, sondern durch eine einseitige Rationalität und Vernunftgläubigkeit ersetzt wurden; ein durch gesellschaftliche Wertmuster und Normen geprägter Erziehungsprozeß erklärt darüber hinaus von früher Kindheit an die Schattenseiten des Menschen »zum Bösen an sich« und erzwingt ihre Verdrängung.

Die Tragik dieser individuellen wie kollektiven Verdrängungsleistung besteht jedoch, wie wir es von Freud gelernt haben, in der Wiederkehr des Verdrängten. In jedem Blick, in jeder Geste, in jedem Wort setzt sich unbemerkt von unserer bewußten Wahrnehmung und Kontrolle das Verdrängte wieder durch, schafft Atmosphäre, baut Beziehungen auf oder zerstört sie und vermittelt unseren Kindern oder unserem Partner Zuneigung oder Zurückweisung. Der Mensch bleibt sich ein unbekanntes und damit selbst entfremdetes Wesen, solange er die Rationalität zum obersten Prinzip menschlicher Entwicklung erhebt, um dem Widerspruch mit seiner Irrationalität ausweichen zu können.

Wenn wir den Umgang von Erwachsenen untereinander oder mit ihren Kindern beobachten, läßt sich die Wiederkehr des Verdrängten als ein buntes Kaleidoskop irrationaler Gefühle, Bindungsmuster und Handlungsabläufe identifizieren. Sie sind die eigentlichen Fermente, die Beziehungen ihr Gepräge geben. Der Beginn unser aller Erfahrung liegt in der Erziehung. Erziehung wird allgemein definiert als die Förderung des Kindes zu seiner körperlichen, geistigen und seelischen Reife und zu seiner Integration in die Gemeinschaft. Diese Definition ist nur scheinbar ganzheitlich, weil in ihr der Begriff »seelisch« unvollständig bleibt, solange er nur die Dimension bewußter Seelentätigkeit erfaßt. Dabei erscheinen Liebe und Haß als die ursprünglichen und treibenden Gefühlskräfte, die den Anforderungen der Kultur entsprechend sozialisiert werden müssen. Die Sozialisation erfolgt aber in der Regel nicht über den Prozeß des einfühlenden Verstehens und des wohlwollenden Dialogs, sondern im wesentlichen durch Anweisung und Verbote, d.h. durch Maßnahmen autoritärer Beeinflussung. Und dies, weil uns bisher zu wenig bekannt und vertraut ist, wie vielschichtig Gefühle im Verlauf der Triebreifung, der Identitätsentwicklung und beim Aufbau von Objektbeziehungen aufgebaut sind und sich umwandeln. Erst eine ganzheitliche Betrachtungsweise unserer bewußten wie unbewußten Seelenlandschaften schließt auch die Anerkennung unserer Schattenseiten ein. Unter dieser Voraussetzung brauchten wir weniger Kräfte für die Verdrängung der verpönten Anteile in uns aufzuwenden und müßten die oft verhängnisvolle Wiederkehr des Verdrängten weniger fürchten. Dabei würde sich erweisen, daß der Mensch über ein sehr viel größeres schöpferisches Potential verfügt, als er normalerweise für sich nutzt; zum einen, weil die Aufhebung der Verdrängung vorher gebundene Kräfte freisetzt, und zum anderen, weil das sogenannte »Böse« sich durch den höheren Grad der Bewußtmachung zur positiven Kraft verwandeln und integrieren läßt. Der Abbau des destruktiven Potentials kann also erst erfolgen, wenn ich es vorher als zu mir gehörig erkannt habe und durch eine bewußte Form der Auseinandersetzung zu seiner produktiven Umwandlung beitrage. Dies ist der Kern der Versöhnung.

Die Versöhnung mit sich selbst, die Sühne für eigene Schuld, setzt die Erkenntnis der eigenen Mitbeteiligung an allem voraus, was man getan oder unterlassen hat. Das eigene Scheitern und Versagen, das Erreichen der eigenen Grenzen, das Unrecht, das man Menschen zugefügt, und die Verletzungen, die man selbst erlitten hat – diese und viele andere sind Erfahrungen, an denen wir bewußt oder unbewußt durch unsere abgespaltenen Gefühls- und Triebanteile beteiligt waren, an denen wir schuldig oder zumindest mitschuldig geworden sind. Der Schmerz und die Angst, die diesen Prozeß der Wiederaneignung verborgener innerer Natur begleiten, sind die Sühneleistung, die das Subjekt erbringen muß, um sich seiner seelischen Ganzheit und der damit verbundenen Verantwortung für sein eigenes Handeln bewußt zu werden. Der so erreichte Frieden mit uns selbst leitet die Versöhnung mit dem Schwersten ein, das uns bevorsteht und dem wir uns oft mit Verzweiflung entgegenstellen – das Annehmen der eigenen Endlichkeit und des Todes, die Versöhnung mit dem großen Abschied.

In diesem Zusammenhang ist daran zu erinnern, daß Begriffe wie »Sühne« und »Versöhnung« ihre stärkste Verankerung in religiösen Ritualen und Denktraditionen haben. Erich Fromm hat sich ausführlich in seinen psychoanalytischen religiösen Schriften mit ihnen beschäftigt. Durch die öffentliche und wissenschaftliche, speziell auch psychoanalytische Abkehr von religiösen Glaubensvorstellungen konnten seine Gedanken jedoch die Auseinandersetzung mit der Versöhnungsfähigkeit bisher kaum anregen. In seiner Arbeit »Ihr werdet sein wie Gott« schreibt er: »Die Auffassung der nachbiblischen Überlieferung kommt vielleicht am besten in der Vorstellung von den ›zehn Tagen der Buße‹ zwischen dem jüdischen Neujahrsfest und dem Versöhnungstag zum Ausdruck. In diesen Tagen wird dem Menschen Gelegenheit geboten, sich seiner Sünden bewußt zu werden, sie zu bereuen und damit den Verlauf seines Schicksals zu ändern. Im Text der Liturgie am Versöhnungstag heißt es dazu: ›Alles ist entschieden, das Schicksal des Menschen ist bestimmt; aber Reue, Gebet und gute Taten wenden die Strenge des Beschlusses ab.‹ Mit anderen Worten, das Schicksal des Menschen wird durch seine früheren Taten bestimmt – doch dadurch, daß er sich selbst ändert, kann er diese Bestimmung aufheben.«[48]

An anderer Stelle schreibt Fromm: »So ist zum Beispiel

der Versöhnungstag zwar ein Festtag, aber keineswegs ein Tag der Trauer, wozu ihn ein strenges und anklagendes Über-Ich machen könnte. Wer die traditionelle Begehung dieses Feiertages miterlebt hat, wird bestätigen, daß es sich zwar um einen Tag großer Ernsthaftigkeit und Selbstprüfung handelt, daß man dabei aber eher freudig als traurig gestimmt ist. Dies entspricht einem Grundsatz, der sich durch die gesamte jüdische Überlieferung hinzieht und der kurz formuliert lautet: Traurigkeit ist schlecht – Freude ist gut.«[49]

In diesen Formulierungen kommt noch einmal zum Ausdruck, daß die Versöhnung keine vom Über-Ich geforderte Aufgabe ist, sondern daß sie in der Fähigkeit des Ich zur Selbstreflexion und Eigenverantwortlichkeit wurzelt.

In seiner Schrift »Haben oder Sein« bringt Fromm die Begriffe »Sühne« und »Versöhnung« mit dem Sündenfall in Verbindung. Dieser sei Ausdruck für den Verlust von Einheit und für die Erzeugung von Getrenntsein und Egozentrik. Er macht in diesem Zusammenhang auf die Übersetzung des englischen Wortes »atonement« (»Sühne, Buße, Wiedergutmachung«) aufmerksam, das ethymologisch aus »at – one – ment« entstanden ist (»zu einem werden«), dem mittelenglischen Wort für »Vereinigung«. Sühne und Versöhnung beständen daher in der Aufhebung des Getrenntseins und in der Wiederherstellung von Einheit im Akt der Liebe oder im Einssein mit der Welt oder, wie wir in Anlehnung an die vorangegangenen Überlegungen sagen können, in der Wiederherstellung der seelischen Ganzheit. Die letztendlich größte Versöhnung mit sich selbst, die Versöhnung mit der eigenen Endlichkeit, ist im Sinne Fromms die Wiederherstellung des Einsseins im Kreislauf von Leben und Tod.

Die Versöhnung mit dem eigenen Selbst ist die Basis, auf der die Versöhnung mit dem andern möglich wird. Das Unrecht, das man ihm angetan, und die Schuld, die man an ihm begangen hat, können erst jetzt durch Wiedergutmachung gesühnt werden. Wiedergutmachung ist im psychologischen Sinne in erster Linie ein innerer Prozeß und von der materiellen Wiedergutmachung streng zu unterscheiden. Die innere Wiedergutmachung besteht, wie Melanie Klein beschrieben hat, in der Zurücknahme der destruktiven Gedanken, Gefühle und Handlungen, mit denen man den anderen schädigen und verletzen wollte. In dem Maße, wie ich mich innerlich mit ihm versöhne, muß ich ihn nicht mehr verfolgen und zu zerstören trachten; ich kann ihn als eigenständige Person in seiner Ganzheit bestehen lassen und ihn auf diese Weise »heilen«. Die Sühne erfolgt hier durch das Eingeständnis und die Trauer über das dem anderen zugefügte Leid. Der Friede, den man dabei schließt, ist kein »Beschwichtigen und Beruhigen« im Sinne einer weiteren Verleugnung der Schuld, sondern die innere Stille nach einem schmerzhaften Prozeß der inneren Auseinandersetzung. Der zunächst innerlich geleistete Verzicht auf Krieg und Rache eröffnet neue Chancen des Dialogs, der im Idealfall nach einer Trennung den Austausch der Partner über das wechselseitig zugefügte Unrecht und die damit verbundene Schuld möglich macht. So können sich beide in ihrer Fähigkeit zur Versöhnung und Wiedergutmachung eine wichtige Hilfe sein.

Daß die Bereitschaft zur materiellen Wiedergutmachung von dem Grad der innerlich und äußerlich gelungenen Versöhnung abhängt, ist unmittelbar einleuchtend und muß hier nicht weiter erörtert werden.

Wie notwendig die Versöhnung als psychische Leistung zur Erhaltung der inneren Harmonie und der Gesetze einer sozialen Gemeinschaft ist, beschreibt Freud in »Totem und Tabu« an den Versöhnungsbräuchen, -zeremonien und -vorschriften sogenannter primitiver Völker. In ihren Ritualen wird nach der Tötung eines Feindes die Trauer um ihn, die Reue, aber auch seine Wertschätzung zum Ausdruck gebracht. Nur durch diese Form der inneren Reinigung – bei den Griechen »Kartharsis« genannt – kann der individuellen und kollektiven Verwilderung und Barbarei Einhalt geboten werden.

Wir haben ausführlich erörtert, daß das Trennungstrauma Menschen real oder symbolisch töten kann. Und es reicht nicht, sich im Trauerprozeß von dem verlorenen Objekt und dem Verlust ideeller und materieller Werte oder Illusionen zu lösen. Der Trauerprozeß droht zu einem lebenseinschränkenden und langen Leiden zu werden, wenn er nicht durch die Versöhnung mit sich, mit dem anderen und mit dem Verlust zerbrochener Hoffnungen abgeschlossen wird.

Man sollte meinen, wir hätten die aus Aberglauben und magischem Denken gespeisten Versöhnungsbräuche der Naturvölker durch reifere Formen der Befriedung ersetzt, weil unsere Konfliktfähigkeit und Toleranz durch Erkenntnis und Wissen gewachsen sind. Die Realität steht aber dazu oft in so krassem Widerspruch, daß man versucht ist, die Versöhnungsrituale der Frühzeit zurückzusehnen, um mit ihrer Hilfe der Willkür und Entfesselung der Triebnatur im Trennungsdrama Grenzen zu setzen. Tatsächlich erinnern manche Therapieansätze, die im Zusammenhang mit Scheidungsproblemen entwickelt wurden, an solche frühen Rituale. Aber daß sich das kollektive Phänomen der Zerreißprobe im Umbruch von Familie und Gesellschaft damit nicht lösen läßt, liegt auf der Hand. Deswegen stehen wir vor der Aufgabe, die Versöhnungsfähigkeit in ein »neues Denken« zu integrieren, wie es auch in bezug auf andere Problemfelder, z.B. im Verhältnis von Mensch und Natur, entwickelt wird.

Wir haben gesehen, wie Angst und Schuldgefühle beim Blick in den eigenen Spiegel zur Ursache für die Selbst-Verborgenheit und Selbst-Entfremdung des Subjektes werden, weil sie die Abspaltung und Verdrängung der tiefen Schichten seelischer Existenz zur Folge haben. Ein neues, ganzheitliches Denken hat die Funktion, das Subjekt seiner Geschichte zurückzugeben, d.h. ihm einen Einblick in die komplexe Beziehung zwischen unbewußt gemachten und bewußt wahrgenommenen Gefühlserfahrungen zu ermöglichen, wie sie sich im Laufe seiner Entwicklung gebildet haben. Solche Art der Aufklärung vermag Angst und Schuldgefühle aufzulösen, indem die psychische Ganzheit enttabuisiert und ihrer Normalität zugeführt wird. Dieser Prozeß schließt Erkenntnis und Bewußtsein über den Zusammenhang von subjektivem Schicksal und den äußeren Einflüssen von Familie und Gesellschaft ein, oder, um es vereinfacht auszudrücken: Erst wenn ich verstanden habe, wodurch ich so geworden bin, wie ich bin, kann ich mir bewußter über mich selbst werden. So finde ich auch zu meinen ursprünglichen Kräften und meinen schöpferischen Fähigkeiten zurück und kann meiner Zerstörungs- und Selbstzerstörungstendenz vorbeugen.

Es bleibt die Frage, warum der eingangs geschilderte Vater bei Beginn der Beratung noch nicht zur Versöhnung mit seinem Sohn fähig war. Schon im ersten Satz seiner Antwort »An allem ist meine Frau schuld« wird deutlich, daß die ausschließliche Schuldzuschreibung an sie die Einsicht in die eigene Mitschuld verstellt hatte. Durch die Projektion seiner Schuld auf die Frau entlastet sich der Vater aber nicht nur von eigenen Schuldgefühlen, sondern er nimmt sich dadurch die Chance, sich selbst zu ergründen. Dadurch bleibt er sich in seinen dunklen Seiten ein Unbekannter. In seinen Bemerkungen über seinen Sohn wird erkennbar, wie schwer er noch unter der Kränkung leidet und wie sehr diese ihn in einer Trotzhaltung, in einem Rückzug und in darin latent enthaltenen Rachegefühlen festhält. Äußerlich vermittelt er dem Sohn Gleichgültigkeit, während er innerlich unter der Trennung und der Sehnsucht nach Versöhnung leidet. In dieser Konstellation werden beide vergeblich auf eine Wiederannäherung, Wiedergutmachung und »Vereinigung«

warten. Was wir als einfaches Mißverständnis deuten könnten, hat hier, wie so oft, tiefe und unbewußte Wurzeln.

Ich habe die Anfangsreaktionen des Vaters in der Beratungsstunde geschildert, weil sie, gemessen an alltäglichen Erfahrungen mit Trennungsfamilien, als beinahe »normal« zu bezeichnen sind. Nicht »normal« war, daß der Vater mit seinem Problem zur Beratung kam und damit bereits einen Wunsch nach Veränderung ausdrückte, so unklar seine Vorstellungen darüber auch waren. Wir sprechen in diesem Fall von einem Leidensdruck, der eine entscheidende Voraussetzung für die konstruktive Lösung von Konflikten ist. Nicht »normal«, also abweichend von der Regel war sein Kommen, weil die meisten Menschen ihr Trennungsdrama alleine zu bewältigen versuchen; entweder weil der Leidensdruck fehlt und das Leiden unkontrolliert ausagiert wird, oder weil für viele, besonders für Angehörige der unteren Sozialschichten, die Barrieren noch zu hoch sind, um eine beratende Institution oder einen Therapeuten aufzusuchen. Die meisten Menschen, die eine beratend-therapeutische Hilfe in Anspruch nehmen, gehören der Mittelschicht und der höheren Sozialschicht an. Allerdings muß man angesichts der Verbreitung und des Anwachsens des Problems davon ausgehen, daß dieses nicht durch Einzelfallhilfe zu lösen ist, oder nur in besonders schwerwiegenden Situationen.

Ich habe mit dem Vater zehn Beratungsgespräche geführt. Bereits nach der fünften Stunde konnte er seinem Sohn einen Brief schreiben, den ich hier mit seiner Erlaubnis wiedergebe:

»Mein lieber Felix! Es ist schon lange her, daß wir uns nicht mehr gesehen und geschrieben haben. Sicher denkst Du, daß ich mein Interesse an Dir verloren habe. Aber das schöne Foto von Dir vor der Almhütte neben den großen Milchkannen, das ich bei unserer letzten Bergwanderung aufgenommen habe – Du kennst es –, hängt schon seit langem als Vergrößerung über meinem Schreibtisch. Oft wollte ich es schon abnehmen, weil mich die Erinnerung immer wieder traurig macht. Aber ich ließ es hängen, weil Du mir wenigstens auf diese Weise nah bist und weil von dem Bild die Hoffnung ausgeht, daß wir irgendwann die Kluft zwischen uns überwinden werden.

Ich war zwischendurch so ratlos, auch zornig und wütend darüber, wie alles gelaufen ist, daß ich mich entschlossen habe, in eine Beratung zu gehen. Irgendwann werde ich Dir davon erzählen. Für heute soll es reichen, wenn ich Dir sage, daß es mir wie Schuppen von den Augen fiel, als ich erkannte, was alles an der verfahrenen Situation auf mein Konto geht. Das war sehr schmerzlich. Und es tut mir leid!

Ich möchte Dich gerne sehen und mit Dir über alles sprechen. Ich wenigstens glaube inzwischen fest, daß wir wieder zueinander finden werden, wenn wir uns über das Vergangene offen austauschen. Ich habe auch den Wunsch, mit Ingrid (seine geschiedene Frau, H.P.) bald wieder ins Gespräch zu kommen.

Bitte ruf mich an, wenn Du auch Lust hast, mich zu treffen. In Liebe, Dein Vater.«

Zu der letzten Stunde brachte der Vater seinen Sohn mit. Das Gespräch zeigte, wie sehr beide den Weg zu einem neuen Verständnis suchten. Bilder, Wünsche, Vorstellungen und Hoffnungen, die jeder an den anderen gerichtet hatte, mußten verabschiedet werden und einem realistischen Bild weichen. Die beiden gingen herzlich miteinander um und berichteten von einem harmonischen Abend, den sie inzwischen zu dritt verbracht hatten. Für alle war dabei klar, daß Versöhnung nicht heißen konnte, den früheren Zustand wiederherzustellen; dazu war die Entwicklung inzwischen zu weit auseinandergelaufen. Aber wieder miteinander zu reden, das Verbindende in gemeinsamer Verantwortung zu tragen und den anderen auf seinem Weg zu akzeptieren und, wenn möglich, zu fördern, das waren Ziele, um die sich alle drei anscheinend bemühten.

Um ein mögliches Mißverständnis auszuschließen, möchte ich betonen, daß Versöhnung so, wie sie hier verstanden wird, nichts mit dem Glattbügeln von Konflikten, einem faulen Frieden oder sonstigen falschen Harmonisierungsbedürfnissen zu tun hat; auch nicht, wie angedeutet, mit dem Rückgängigmachen einmal klar getroffener Entscheidungen. Versöhnung heißt nicht Verzicht auf Auseinandersetzung, auch nicht Verzicht auf den kämpferischen Streit, wenn es darum geht, eigene Rechte zu verteidigen und sich gegen Unrecht zu schützen.

Versöhnung ist zuallererst die Aussöhnung mit dem Bösen in einem selbst, das sich, erst einmal erkannt, der Umwandlung und verändernden Kraft von Einsicht und Erkenntnis nicht mehr in der gewohnten Weise entgegenstellt. Versöhnung heißt, das Irrationale in einem selbst und im anderen zu erkennen, um seinen zerstörerischen Kreislauf unterbrechen zu können. Und schließlich schafft Versöhnung auch die Bereitschaft zur Toleranz, ohne die kein echter Friede erreichbar ist.

Ich möchte zum Abschluß des Kapitels noch an einem anderen Beispiel die Versöhnung eines Paares beschreiben, weil, wie wir wissen, alle Theorie und alle guten Vorsätze nicht verdecken können, wie schwer in der Realität die Versöhnung zwischen Menschen ist, die sich gegenseitig tief verletzt haben. Dabei möchte ich aber betonen, daß ich die Geschichte dieses Paares, auch wenn sie mich persönlich sehr beeindruckt hat, nicht als Einzelfall betrachte. Im Verlauf meiner langjährigen Berufsarbeit hatte ich Gelegenheit, wohl an die tausend ausführliche und nach tiefenpsychologischen Kriterien erhobene Biographien zu studieren, d.h. Lebensläufe von Kindern, Jugendlichen und Erwachsenen, die bis in die Großelterngeneration zurückreichten. Ein hervorragendes Merkmal in der Mehrzahl der Familien, in denen es zu irgendeiner Form der Trennung gekommen war, bestand in der Unversöhnlichkeit. Bis vor noch nicht langer Zeit trennte man sich in der Regel nach dem geflügelten Motto »wir sind für ewig geschiedene Leute«. Die Ursachen und schrecklichen Folgen dieser starrsinnigen Konsequenz für alle Beteiligten kann man sich nach allem bisher Beschriebenen leicht ausmalen. Worauf ich hier hinweisen möchte, sind die unverkennbaren Veränderungen, die in den letzten beiden Jahrzehnten eine höhere Konflikt- und Trennungstoleranz in Verbindung mit einer gewachsenen Versöhnungsbereitschaft vermuten lassen. Viel häufiger als früher werden heute zwischen vielen Paaren die Gründe und die Notwendigkeit für eine anstehende Trennung vorher ausführlich besprochen; viel öfter wird auch nach der Trennung eine Auseinandersetzung angestrebt, um das Geschehene besser verstehen und verarbeiten zu können. Das schließt in diesen Fällen das leidvolle Durchlaufen der beschriebenen Trennungsphasen nicht aus; aber es macht sie erträglicher und führt für alle Seiten zu einer schnelleren Stabilisierung und Neuorientierung. Was mir dabei ebenfalls als neu erscheint: Viele getrennte Paare, ob vorher verheiratet oder nicht, entwickeln heute nach einer Zeit des Getrenntseins und der Verarbeitung des Trennungstraumas eine verwandelte Form der Beziehung, die nicht selten die Züge einer vertrauten Freundschaft annehmen kann. Sie sind nicht »für ewig getrennt«, sondern erhalten sich, wenn schon die Liebe nicht möglich war, das gemeinsam Verbindende und Verbleibende und damit ein wichtiges Stück ihrer Lebensgeschichte.

So endete auch der Versöhnungsprozeß zwischen Karin und Stefan. Vor noch nicht langer Zeit traf ich die beiden zum erstenmal gemeinsam auf einem größeren Fest bei Freunden. Sie hatten sich etwas abseits gesetzt, unterhielten sich, lachten, und Stefan spielte zwischendurch mit Karins etwa zweijähriger Tochter. Überrascht beobachtete ich kurze Zeit die harmonische Szene, bevor ich mich zu ihnen setzte und in ein persönliches Gespräch geriet.

Ihre Geschichte kannte ich bis dahin nur über Freunde, hatte beide über Jahre immer nur bei verschiedenen Anlässen alleine gesehen, ohne daß der Kontakt über die übliche Konversation hinausgegangen wäre. Aber da ihr Schicksal die Gemüter bewegte, hatten sich die Erzählungen für mich zu folgendem Bild zusammengefügt: Die beiden hatten sich in einem großen Krankenhausbetrieb kennengelernt, in dem Karin als Krankenschwester und Stefan als Verwaltungsangestellter arbeitete. Karin war als jüngste von drei Schwestern das verwöhnte Nesthäkchen – hübsch, fröhlich und frech. Kurz nach der Geburt hatte sie ihren Vater an den Spätfolgen einer Kriegsverletzung verloren. Als sie Stefan kennenlernte, war sie bereits um die dreißig Jahre alt und hatte eine Reihe von heftigen Liebschaften erlebt, zumal sie ihren weiblichen Charme recht unbekümmert genoß.

Stefan war acht Jahre älter als sie, als Ältester von vier Geschwistern ein zu Ernst und Verantwortungsgefühl neigender Mann. Die beiden heirateten nach etwa zwei Jahren und waren die erste Zeit sehr glücklich miteinander. Eine dramatische Wende nahm die Beziehung, als Karin immer drängender ihren Kinderwunsch anmeldete. Stefan lehnte den Wunsch mit den Argumenten ab, er fühle sich mit vierzig Jahren zu alt als Vater, habe auch lange genug das Kindermädchen für seine Geschwister spielen müssen und nicht umsonst so spät geheiratet; außerdem wolle er seine beruflichen Pläne nicht aufgeben. Wenn er sich sehr in die Enge getrieben fühlte, warf er Karin ihre früheren Schwangerschaftsunterbrechungen vor; warum habe sie denn nicht vorher die Kinder bekommen, sie sei doch alt genug gewesen? Auf ihren Vorschlag, in eine gemeinsame Beratung zu gehen, ließ er sich nicht ein.

Karin wagte die ersten Ausbruchsversuche. Aber sie hatte nicht mit seinen Verlassenheitsängsten und seiner Eifersucht gerechnet – und nicht mit seiner latenten Gewalt. Diese brach jetzt völlig unerwartet, aber dafür um so heftiger nach außen durch. Stefan schlug seine Frau oft so unkontrolliert, daß sie zum Teil schwere Verletzungen erlitt. Er selbst verfiel danach in lange Depressionen und versuchte, seine Schuldgefühle durch einen wachsenden Alkoholkonsum zu beschwichtigen. Karin konnte sich lange Zeit nicht von Stefan trennen; immer wieder verzieh sie ihm. Dabei schien eine wichtige Rolle zu spielen, daß sie ihn ursprünglich als Vaterersatz so stark ersehnt und idealisiert hatte, daß sie die auf dieser Basis fixierte Beziehung nicht auflösen konnte. Als sie wieder einmal eine Nacht weggewesen war und ihm danach mit der Trennung drohte, geriet er außer sich und versuchte sie zu erwürgen. Herbeieilende Nachbarn konnten die Tragödie verhindern. Nach sechs Ehejahren haben die beiden sich dann getrennt, nicht gütlich, sondern für beide mit der ganzen Dramatik des Trennungstraumas.

»Du wunderst dich sicher, Herr Psychoanalytiker, warum wir hier so friedlich zusammensitzen«, sagt Karin zu mir, als ich mich zu ihnen gesetzt habe.

»Ja«, stimme ich zu, »denn an Wunder glaube ich nur noch ausnahmsweise.« Und nach einer Pause frage ich beide direkt: »Wie habt ihr das geschafft?«

Beide schauen sich an und zucken mit den Achseln. »Ich weiß es auch nicht genau«, sagt Stefan, »die Zeit heilt Wunden, heißt es doch so schön. Und außerdem wird man nicht nur älter, sondern auch vernünftiger.«

»Nein«, wirft Karin ein, »nicht die Zeit hat dich verändert, sondern der Schock unserer Trennung. Früher warst du immer so ernst und schwer und ehrgeizig. Aber sie haben dich vor kurzem nicht wegen deiner Tüchtigkeit zum Verwaltungsleiter gemacht, sondern weil du freundlicher und heiterer geworden bist.«

Ich gratuliere ihm zu seiner Beförderung, aber er winkt ab. »Gratuliere mir lieber zu meinem Sohn. Leider konnte ich ihn noch nicht mitbringen, weil er erst gestern geboren wurde. Ich dachte, mit fünfzig wird es langsam Zeit.«

Die Tochter von Karin plappert etwas Unverständliches in meine Verwunderung hinein. Mir war nicht bekannt geworden, daß Stefans Freundin, mit der er seit gut einem Jahr zusammenlebte, schwanger war. Jetzt erfuhr ich von ihrer geplanten Heirat im nächsten Monat. Von Karin wußte ich dagegen, daß sie ein Jahr nach der Trennung von Stefan wieder geheiratet und mit vierzig Jahren ihr erstes Kind bekommen hatte. Aber ihr zweiter Mann trennte sich kurz nach der Geburt der Tochter von ihr.

»Das war der Schock für mich. Er hat mich verändert«, erzählt Karin im weiteren Verlauf des Gesprächs. »Mein zweiter Mann hat mich nie geschlagen, er schwieg immer nur eisig und sprach tagelang nicht mit mir – das war viel schlimmer. Als er weg war, habe ich begriffen, wie schwer erträglich meine Eskapaden, meine Eitelkeit, meine verwöhnten Ansprüche und mein kindliches Klammern für einen Mann sein mußten. Früher habe ich immer nur Stefan die Schuld für das Scheitern unserer Ehe gegeben. Heute denke ich, er wollte auch deswegen keine Kinder, weil er nicht genügend Vertrauen zu mir hatte und ich ihn ständig unter Druck gesetzt habe. Wir waren halt beide noch nicht so weit.«

Karin war voller Zuversicht, daß sie in naher Zukunft wieder eine Beziehung eingehen würde. »Vielleicht bekomme ich dann noch mein zweites Kind«, lacht sie und drückt ihre Tochter an sich.

Als wir uns verabschieden, denke ich: »Sie haben es wirklich geschafft.« Sie konnten sich miteinander versöhnen, weil ihre Einsamkeiten und leidvollen Erfahrungen sie nicht verhärtet hatten. Die Einsicht in ihre eigenen Schwierigkeiten und Schwächen machte sie im Gegenteil nachsichtiger sich selbst und dem anderen gegenüber und gab ihnen die Kraft, sich gegenseitig zu verzeihen. Ich glaube, daß die Heiterkeit und der Zukunftsoptimismus, die beide ausstrahlten und die auf dem Hintergrund ihrer Erfahrungen beinahe unverständlich waren, aus dieser gelungenen Versöhnung stammten. Denn die Fähigkeit zu ihr verleiht eine innere und schließlich auch äußere Freiheit und ein Glücksgefühl, die vielen Seiten des Lebens ihre Schwere und ihren endgültigen Ernst nehmen.

Am Rande erfuhr ich noch, daß Stefan durch seine neue Position Karin zu einer leitenden Funktion im Krankenpflegedienst verholfen hatte und daß die Säuglingsausstattung für Stefans Sohn aus Karins Beständen stammte.

Die Revolution des Neubeginns

Wir sind bis hierher einen langen und beschwerlichen Weg gegangen. Das Durchleiden der Trennungsphasen, der Trauer und Versöhnung ist jedoch die Voraussetzung für einen Neubeginn. Viele Menschen suchen heute nach Möglichkeiten, den Weg abzukürzen, worauf ich bereits bei der Trauer hingewiesen habe. Das »positive Denken«, wie es in verschiedenen Therapieformen und vor allem in der spirituell-esoterischen Bewegung gelehrt wird, geht von dem grundsätzlich konstruktiven Ansatz aus, die in unserer Zivilisation verbreiteten Gefühle der Vereinsamung, Ohnmacht, Verzweiflung, Negation, Kritik, von vernichtender Wut, Aggression und Hoffnungslosigkeit umzukehren. Durch ein neues Körperbewußtsein, durch eine ökologisch orientierte Ernährungsform und Lebensführung, durch die sinnliche Wahrnehmung innerer und äußerer Natur und durch die Erneuerung religiöser Systeme und archaischer Kulte soll das entfremdete Individuum die Erfahrung von sich selbst in seiner körperlich-seelisch-geistigen Einheit mit Natur und Kosmos zurückgewinnen. Die Faszination, die von dieser inzwischen weltweiten Bewegung ausgeht, verdankt sich dem kollektiven Verlust an Idealen, den globalen Selbstzerstörungstendenzen unserer Kultur und den damit verbundenen Gefahren für unsere planetare Zukunft.

Zwei gegensätzliche Einschätzungen stehen hart im Raum. Nach der einen handelt es sich bei der Bewegung um eine soziale Randgruppe, die die ohnehin in der Gesellschaft ausgeprägten Züge von Egoismus und Selbstbezogenheit bis zur narzißtischen Überspanntheit fördert; ihre Ideologie und Lebensweise wiesen deutliche Zeichen des Rückzugs aus der Realität im Sinne von Sektenbildungen auf; sie seien in der Weise politisch reaktionär oder gar gefährlich, als sie die Arbeit an realen Veränderungen verachteten und zum Ausgleich Heilsversprechungen anböten, die viele, besonders junge Menschen auf ihrer Suche nach Orientierung in eine weitere Isolation von der sozialen Gemeinschaft hineintrieben. Dagegen vertreten Befürworter der Bewegung die Ansicht, die Krise unserer Zivilisation bedürfe einer fundamentalen »Wendezeit« (Capra), die nur durch ein verändertes Menschen- und Naturbild erreichbar sei. Die»New age«-Bewegung nehme die Krise ernst und wirke politisch verändernd, indem sie versuche, immer mehr Menschen von dem neuen Weg zu überzeugen, um durch eine kollektive und globale Verantwortung die destruktiven Strukturen aufzulösen.

Es würde den Rahmen dieses Buches sprengen, beide Positionen hier angemessen zu würdigen. Die »New age«-Bewegung gehört aber insofern zum vorliegenden Thema, als von ihr unbestreitbar – ähnlich wie von der Frauenbewegung – ein revolutionärer Umbruch der traditionellen Familienstrukturen und der Konzeptionen von Partnerschaft ausgeht – eine Tatsache, die bisher weder von der Bewegung selbst noch von der Fachwelt reflektiert wird, die sich mit Problemen der Familiengestaltung auseinandersetzt. Immer häufiger lassen sich Trennungsdramen als Folge der sogenannten »Sanften Verschwörung« (Ferguson) beobachten. Dabei führt der oft plötzliche und radikale Bruch mit allen bisherigen Lebenszusammenhängen, auch mit Ehe und Partnerschaft, keinesfalls zu Formen »sanfter« Ablösung; im Gegenteil ist die unter der ideologischen Tarnung von Liebe und Versöhnung geübte Kompromißlosigkeit oftmals von einer subtilen Aggression und unangreifbaren Überheblichkeit geprägt. Dabei haftet der Härte und Zerstörungskraft, mit denen der Weg gegen die Interessen anderer durchgesetzt wird, ein unverkennbar revolutionäres Element an. Derjenige, der verlassen wird, der dem Wissen »um die letzten Dinge« und der »Weisheit, Erleuchtung und Einweihung« mißtraut, steht in der Regel belächelt und weinend allein vor dem Scherbenhaufen und schaut den taumelnden Herbstblättern hinter der Fensterscheibe zu.

Wir haben es hier mit einem Zeitphänomen zu tun, dessen weitere Entwicklung für den einzelnen wie für die Gesellschaft bisher nicht abzuschätzen ist.

Im Trennungsdrama läßt sich jedoch oftmals beobachten, daß der spirituelle Weg als Versuch zur Abkürzung der Schwierigkeiten benutzt wird, die der Verlust mit sich bringt. Der abgekürzte Weg erweist sich dabei als ein Ausweichen vor den Konflikten von Trennung, Trauer und Versöhnung durch Flucht in eine erträumte Welt des Friedens und der Harmonie. In ihr werden die zerstörten Illusionen durch neue ersetzt. Die Verschmelzung mit einem idealisierten Objekt, ob in Gestalt eines Gurus, einer Gemeinde von Gleichgesinnten, einer göttlichen Instanz oder den heiligen Kraftfeldern einer unzerstörten Natur, dient der Rückkehr in einen Urzustand uteriner Einheit und mütterlicher Geborgenheit, die das frühe und alle späteren Trennungstraumen ungeschehen machen soll. Es handelt sich daher um Scheinlösungen, deren Brüchigkeit dann mit voller Wucht zum Tragen kommt und schwere Krisen auslösen kann, wenn, aus welchen Gründen auch immer, die phantasierte Welt in der Konfrontation mit der Realität zerbricht. Schon aus diesem Grund muß der Weg zurück zur Realität panisch gefürchtet werden, wodurch die Spirale eines einmal gewählten spirituellen Lebens immer weiter geschraubt wird. Daraus erklären sich auch die zum Teil grotesken Ideologien und Glaubensgrundsätze über kosmologische Weltzusammenhänge, mit denen der eingeschlagene Weg verteidigt wird.

Aus allem folgt, daß die »New age«-Bewegung trotz ihres revolutionären Potentials in bezug auf die Krise der Familie keinen geeigneten Ausweg anzubieten scheint.

Die Revolution des Neubeginns basiert zunächst auf der Entschlossenheit und dem Mut jedes einzelnen, den Konformismus mit traditionellen Rollenstrukturen dann aufzukündigen, wenn die eigene Freiheit, die Vorstellungen individueller Selbstverwirklichung und die Chancen des gemeinsamen Glücks in unzumutbarer Weise eingeschränkt werden. Die Kräfte, die dieser Schritt erfordert, das Leiden und der Schmerz, die damit verbunden sind, wurden ausführlich dargestellt.

Von psychoanalytischer Seite ist verschiedentlich darauf hingewiesen worden, daß die Familie ihre traditionelle Form und ihren Bestand u.a. der Tatsache verdankt, daß das Ausmaß der Ängste und Schuldgefühle bei der Auflösung eines Familienverbandes die Konfliktfähigkeit und seelische Belastbarkeit des Menschen mehrheitlich übersteigt. Die innerlich bereits zerbrochene, nach außen aber intakte Familie wird daher in der Fachsprache als Pseudofamilie bezeichnet. Sie ist in der Regel von einer latenten bis offenen Aggression, von Streit, Gewalt, Lüge, Untreue und Doppelmoral gekennzeichnet, die ein hohes Maß an Unglück für die Partner selbst und vor allem für die Kinder mit sich bringen. Aber wie die Erfahrung zeigt, ist dieses Unglück, so ausgeprägt die Selbsteinschränkungen und wechselseitigen Abhängigkeiten auch sein mögen, für die Mehrzahl noch leichter zu ertragen als die Zerreißprobe einer Trennung.

In diesem Zusammenhang wird häufig die Frage diskutiert, ob die Ehe nicht im Interesse der Kinder aufrechterhalten werden müsse. Auch hier zeigt eine breite psychotherapeutisch-beratende Erfahrung, daß es sich bei dieser Überlegung in der Realität oft um ein Pseudoargument, um eine sogenannte Rationalisierung handelt. Dabei wird der Hinweis auf das Schicksal von Scheidungskindern oft nur vorgeschoben, während der eigentliche Hinderungsgrund in der Trennungsangst des einen oder beider Partner zu finden ist. Ob in diesen Fällen die Vermeidung der Trennung tatsächlich zum Wohle des Kindes ausfällt, ist oft zu bezweifeln. Kinder aus Pseudofamilien sind in ihrer Gesamtentwicklung nicht selten schwerer belastet als Scheidungskinder, zumal dann, wenn die Scheidung unter Bedingungen erfolgt, wie sie im Versöhnungsprozeß angestrebt werden.

Allerdings ist das Argument von der Rücksicht auf die Kinder nicht so leicht zu entkräften, wie es hier den Anschein erweckt. Jede Ehe durchläuft wie alle biologischen und sozialen Systeme Phasen von Wachstum und Ruhe. Ruhephasen werden häufig mit Stillstand verwechselt. In diesen Zeiten wird Kindern unbewußt die Funktion zugeschrieben, das System zusammen- und am Leben zu erhalten. Trennungsphantasien und -impulse, die in solchen Phasen scheinbaren Stillstands auftreten, kalkulieren dann zu Recht die Rücksicht auf die Kinder ein. In dieser Situation wäre es nämlich ein tragischer Irrtum, auf die Interessen der Kinder zu verzichten und eine Trennung zu beschleunigen, ohne daß die Chancen gemeinsamen Wachsens in ausreichender Weise geprüft und die Überwindung der Ruhephasen abgewartet werden. Hier zu differenzieren fällt den Partnern oft sehr schwer, weswegen sich in solchen Fällen die Hilfe von Dritten als geradezu notwendig erweist.

Die Revolution des Neubeginns bedeutet immer das Brechen von Tabus. Bei ihnen handelt es sich sowohl um auch heute noch bestehende gesellschaftliche Schranken als auch um früh verinnerlichte Normen des sozialen Zusammenlebens. In »Totem und Tabu« beschreibt Freud, daß der Tabubrecher besonders deswegen bestraft werden muß, weil sein Handeln ansteckenden Charakter hat, indem er die verdrängten Bedürfnisse bei anderen in Versuchung führt. Aus unserer jüngsten Geschichte läßt sich dieser Zusammenhang eindrucksvoll belegen.

Als die amerikanische und europäische Studentenbewegung ab 1968 neben anderen politischen Zielen der bürgerlichen Kleinfamilie den Kampf ansagte und in eine wilde Experimentierphase mit neuen Formen von Partnerschaft, Sexualität und Kindererziehung geriet, zerbrachen in den Metropolen dieser »Revolution« Familien in großer Zahl. Was damals als systematischer Prozeß der Zerstörung traditioneller Familienformen eingeleitet wurde, fand später, bis in die Gegenwart hinein, seine Fortsetzung unter dem Einfluß der Frauenbewegung. Die Tragödie bestand und besteht jedoch für viele darin, daß sie von dem Konsens einer Minderheit über die Abdankung der herkömmlichen Familie verführt wurden, ebenfalls die inneren und äußeren Tabuschranken zu brechen, ohne über die psychischen Kraftreserven zu verfügen, die für solche radikalen Veränderungen notwendig sind. Die ablaufenden Trennungsdramen sind auch unter dem Aspekt zu verstehen, daß der strafende Charakter der Gesellschaft und des eigenen Über-Ich wegen der Verletzung der Tabus noch mächtiger ist als das Ich, das aus eigener Kraft und Verantwortung die Revolution des Neubeginns wagt. Die Tatsache, daß diese heute zwar nicht mehr vereinzelt erfolgt, sondern von einer großen Gruppe von Menschen getragen wird, hat sicher in zunehmendem Maß eine den Strafdruck mildernde Funktion. Aber von der Herausbildung eines kollektiven Über-Ich, das Trennung und Scheidung heute nicht mehr als Tabuverletzung ahndet, sind wir trotz aller äußeren Liberalität noch weit entfernt. Deswegen können die verschiedenen Selbsthilfegruppen, die sich zur gemeinsamen Verarbeitung des Trennungstraumas zusammengefunden haben, für jeden einzelnen eine wichtige Unterstützung sein; letztlich bleiben sie aber noch isolierte Randgruppen, die der Bestrafung durch die Gesellschaft und ihr eigenes Über-Ich ausgeliefert sind.

Die Revolution des Neubeginns setzt also, wie wir sehen, ein autonomes Ich voraus, das den Trennungs- und Trauerprozeß verarbeitet hat und zur Versöhnung fähig geworden ist. Die Tabus, die es gebrochen hat, muß es selbst verantworten können.

Henrik Ibsen hat diesen Reifungsschritt einer Frau bereits am Ende des 19. Jahrhunderts unter dem Einfluß der damals einsetzenden Frauenbewegung in seinem berühmten Schauspiel »Nora. (Ein Puppenheim)« gestaltet. Die schöne Nora, seit acht Jahren mit dem Bankdirektor Torvald Helmer verheiratet und von diesem als unmündiges Kind, als »Eichkätzchen« und »Singlerche« narzißtisch geliebt, verwöhnt und als »Eigentum« mißbraucht, hat ihrem Mann vor Jahren das Leben gerettet, indem sie mit dem Geld aus einem gefälschten Schuldschein die Behandlung seiner Krankheit bezahlte. Als der Gläubiger ihren Mann jetzt mit dem Schuldschein erpressen will, fühlt dieser sich von seiner Frau betrogen; er schilt sie eine »Verbrecherin« und entzieht ihr das Recht, ihre drei Kinder zu erziehen. Statt sich schützend hinter sie zu stellen, fühlt er sich in seiner »Ehre« zutiefst verletzt. Da erwacht Nora aus ihrem Puppendasein, in dem sie früher von ihrem Vater und dann von ihrem Mann festgehalten worden war.

Einige Zitate aus dem Schlußakt, in dem sich die Partner nach acht Jahren zum erstenmal »ernsthaft« unterhalten, illustrieren Noras Revolution des Neubeginns. Überraschend hat der Gläubiger seinen Erpressungsversuch zurückgenommen, und Helmer, überglücklich, verzeiht seiner »geliebten Nora« und möchte den alten Zustand wiederherstellen.

Nora: »Es ist mir viel Unrecht zugefügt worden, Torvald. Erst von Papa und dann von dir... Ihr habt mich nie geliebt. Es machte euch nur Spaß, in mich verliebt zu sein... Ich lebte davon, daß ich dir Kunststücke vormachte, Torvald. Aber du wolltest es ja so. Du und Papa, ihr begingt eine große Sünde gegen mich...«

Helmer: »Es ist etwas Wahres an dem, was du sagst... Aber von jetzt an soll's anders werden. Die Zeit des Spiels ist vorbei; jetzt kommt die der Erziehung.«
Nora: »Ich muß mich selbst zu erziehen versuchen, und du bist nicht der Mann, um mir dabei zu helfen... Und darum verlaß ich dich jetzt... Ich muß allein sein, um mich selbst und das rechte Verhältnis zu meiner Umgebung zu finden. Und deshalb kann ich nicht bei dir bleiben.«
Helmer: »Du bist wahnsinnig! Das erlaub ich dir nicht! Ich verbiete es dir!«
Nora: »Es wird dir nichts nützen, mir jetzt noch etwas zu verbieten. Was mir gehört, nehm ich mit. Von dir will ich nichts, weder jetzt noch später.«
Helmer: »Dein Heim, deinen Mann und deine Kinder verlassen! Bedenkst du nicht, was die Leute sagen werden?«
Nora: »Darauf kann ich keine Rücksicht nehmen. Ich weiß nur, daß es für mich notwendig ist.«
Helmer: »Oh, es ist empörend. So kannst du dich über deine heiligen Pflichten hinwegsetzen.«
Nora: »Ich habe andere, ebenso heilige Pflichten.«
Helmer: »... Welche Pflichten sollten das wohl sein?«
Nora: »Die Pflichten gegen mich selbst.«
Helmer: »Vor allem bist du Gattin und Mutter.«
Nora: »Das glaub ich nicht mehr. Vor allem bin ich ein Mensch, glaube ich, ebenso wie du – oder wenigstens will ich versuchen, einer zu werden...«
Helmer: »Du sprichst wie ein Kind. Du verstehst die Gesellschaft nicht, in der du lebst.«
Nora: »Nein, ich versteh sie auch nicht. Aber jetzt will ich sie kennenlernen. Ich muß mich davon überzeugen, wer recht hat, die Gesellschaft oder ich... Lebe wohl, Torvald. Die Kleinen will ich nicht sehen. Ich weiß, sie sind in besseren Händen als den meinen. So, wie ich jetzt bin, kann ich ihnen nichts sein.«
Helmer: »Aber später, Nora – später –?«

Nora: »Wie kann ich das wissen? Ich weiß doch gar nicht, was aus mir wird.«
Helmer: »Nora – kann ich dir niemals mehr als ein Fremder sein?«
Nora ('nimmt ihre Reisetasche'): »Ach, Torvald, dann müßte das Wunderbarste geschehen.–«
Helmer: »Nenne mir das Wunderbarste!«
Nora: »Dann müßten wir beide, du und ich, uns so verändern, daß – ach, Torvald, ich glaube nicht mehr an das Wunderbare.«
Helmer: »Aber ich will daran glauben. Sprich es aus! Uns so verändern, daß –?«
Nora: »Daß ein Zusammenleben zwischen uns beiden eine Ehe werden könnte. Leb wohl.« ('Geht hinaus').
Helmer: »Nora! Nora! – Leer. Sie ist nicht mehr hier. ('Eine Hoffnung zuckt in ihm auf') Das Wunderbarste -?!«[50]

Die Revolution des Neubeginns besteht in der »Pflicht gegen sich selbst«, den Versuch zu wagen, »ein Mensch zu werden«. Die Befreiung und der Aufbruch setzen die Überwindung der Schranken voraus, die die Gesellschaft und ihre im Über-Ich verankerten Normen in uns errichtet haben. Nur indem die un-menschlichen und falschen Rollen aufgekündigt werden, die über den einzelnen verfügt wurden, läßt sich herausfinden, wer man ursprünglich war und wieder werden möchte. Nora geht diesen Weg, ohne zu wissen, wohin er führt, nur geleitet von der Gewißheit ihres langsamen Sterbens im Staub einer Puppenstube und von ihrem Willen, zu überleben, indem sie ihr wahres Selbst sucht. Etwas »Wunderbares« kann durch diesen Prozeß der »Veränderung« entstehen; aber Ibsen läßt offen, ob es entsteht und wie es aussehen wird. Das Wagnis allein, das Risiko einzugehen, ist entscheidend. Es gibt keine Garantien für das Glück – es sei denn, der Weg zu sich selbst, der Versuch, »ein Mensch zu werden«, ist Glück genug. Anders als Medea trennt sich Nora von ihrer Vergangenheit ohne Haß und Rache; indem sie sich nur auf sich und die Chancen des Neubeginns besinnt, kann sie Trennung und Trauer in der Versöhnung mit sich und den erlittenen Verlusten abschließen. Auch läßt sie Helmer die Hoffnung, daß Veränderung möglich ist – selbst wenn auch nur für sich und seinen weiteren Weg.

Eine wichtige Parallele zwischen Medea und Nora erscheint mir jedoch erwähnenswert. Sowohl Jason als auch Helmer bieten ihren Frauen materielle und sonstige Unterstützung an. Beide Frauen lehnen das Angebot entschieden ab. Nur wenn sie sich völlig auf sich selbst stellen, wenn sie Kraft und Verantwortung für ihr eigenes Leben übernehmen, können sie sich aus den Fallstricken der Un-Selbst-Ständigkeit lösen und zu wirklicher Freiheit gelangen. Mit einem Seitenblick auf die Trennungsdramen unserer Zeit ist bemerkenswert, wie häufig in der Scheidungspraxis die Freiheit eingefordert, die materielle Abhängigkeit aber weiter aufrechterhalten wird. Das betrifft nicht die selbstverständlichen Ansprüche und Absicherungen, speziell für die Belange der Kinder, sondern oft weit darüber hinausgehende und bis zur Ausbeutung reichende Formen der Entschädigung. Wie bewußt oder unbewußt ihre Motivationen dabei auch sein mögen, drücken sie doch in der Regel das Unversöhnte mit der Situation und damit eine mangelnde Autonomie des Ich aus, die eine wirkliche Befreiung verhindern.

Aber zum Glück ist die vor hundert Jahren geschaffene Gestalt der Nora zur Symbolfigur einer Entwicklung, speziell der Frauenbewegung, geworden, der heute viele Menschen eine gelungene Revolution des Neubeginns verdanken. Wie zahlreiche Therapieerfahrungen, persönliche Lebensbeschreibungen, besonders in der Frauenliteratur, und wissenschaftliche Studien zeigen, gelingt heute immer mehr Frauen und Männern, alleine oder gemeinsam mit Kindern, der Aufbruch in eine neue und selbstgestaltete

Zukunft unter den Zeichen der Versöhnung. Das Gemeinsame solcher Erfahrungen liegt in dem größeren Reichtum an inneren und äußeren Lebensmöglichkeiten. Freundschaften und soziale Beziehungen tauen die Eiseskälte auf, in der sich früher die Partner in ihrer gemeinsam geteilten Einsamkeit draußen stehen ließen; statt dessen prägen Offenheit und wechselseitige Anteilnahme, aber auch Wärme und Zärtlichkeit die neugewonnenen Freundschaften. Die Freude einer kreativen Freiheit bringt Neugier, Interesse und Begabungen hervor, die vorher verschüttet lagen, und menschliches Begehren findet zurück zu gleichberechtigter Partnerschaft und Liebe.

Wie Wallerstein und Blakeslee in ihrer Langzeitstudie »Gewinner und Verlierer« über geschiedene Paare belegen, wachsen unter solchen Bedingungen auch die Kinder zu gesunden und selbstbewußten Jugendlichen und jungen Erwachsenen heran. Wenn die Trennungskonflikte auf einem niederen Niveau gehalten werden können, entwickeln solche Kinder auf der Basis ihrer Trennungserfahrungen sogar ein besonderes Maß an Konfliktverständnis und zwischenmenschlicher Sensibilität und Verantwortung. Dabei kommt ihnen der Wandel der gesellschaftlichen Normen entgegen.

Entsprechend weniger leiden sie unter Schuldgefühlen und Ängsten, die die Trennung bisher oft zur Katastrophe werden ließen. Dadurch können sie auch ihrer Opfer- und Täterrolle leichter entgehen. Man kann auch sagen: die Revolution des Neubeginns befreit Kinder aus der schicksalhaften Entwicklung von Ödipus, Orest und Elektra.

Warum bin ich in diesem Kapitel auf »Nora« eingegangen und nicht auf ein Drama, das hundert Jahre später genauso wie damals Ibsens Schauspiel »wie eine Bombe in viele Ehen platzte«, worauf Willi bei der ausführlichen Besprechung von Ingmar Bergmans »Szenen einer Ehe« verweist?[51] Tatsächlich hat Bergmans 1975 uraufgeführter Film über das

Trennungsdrama von Johan und Marianne eine bewegte Diskussion in Gang gesetzt, weil die radikale Offenheit, mit der die Trennungsphasen, der Trauerprozeß und die Versöhnung dargestellt werden, in eine Zeit fiel, in der die ersten Scheidungslawinen losgetreten waren. Heute, fünfzehn Jahre später, wird der Film kaum noch gezeigt, und das zum Film erschienene Buch ist vergriffen. Warum? Willi beschreibt die Scheidung des seit zehn Jahren verheirateten, gesellschaftlich erfolgreichen Paares mit zwei Kindern als »Krise der mittleren Jahre«. Johan ist zu der Zeit 43 Jahre, Marianne 35 Jahre alt. Die Dramatik des Trennungskampfes endet zwar nach einem langen Trauerprozeß in einer liebevollen Versöhnung; aber diese gelingt nur halb. Beide bleiben, obwohl inzwischen in neuen Beziehungen lebend, innerlich stark aneinander gebunden, was durch gelegentliche, wenn auch unerotische Treffen unterstrichen wird. Besonders Johan hat die Trennung nie völlig verarbeiten können, sondern erlebt sich durch den Verlust von Heim und Familie als tief entwurzelt und gescheitert. Seine großen Ausbruchsphantasien, der Wunsch nach einer radikalen Veränderung seines Lebens haben lediglich zu einem beruflichen Abstieg geführt. Dieser Eindruck bleibt, auch wenn er in der Schlußszene fünf Jahre nach der Scheidung erwachsener wirkt und von sich sagt: »Ich glaube vielmehr, daß ich jetzt meine richtigen Proportionen gefunden habe. Und daß ich mit einer gewissen Demut meine Grenzen akzeptiert habe. Das macht mich freundlich und ein bißchen traurig.«[52]

Ich glaube, daß das Interesse an dem trotz allem großartigen Film und an dem Buch deswegen nachgelassen hat, weil Bergman die Partner in der Schlußszene wie zwei einsame, sich zusammenkuschelnde Kinder zeigt, für die die wehmütige und melancholische Offenheit nur in der Begegnung mit dem Vertrauten möglich ist. Nora dagegen geht, und man weiß, sie wird nie wiederkommen, auch wenn sie Helmer die Hoffnung auf das »Wunderbare« läßt. Sie weiß, daß das

»Wunderbare«, wenn es geschehen wird, für sie nur mit einem anderen Mann möglich sein wird. Sie will das Neue, sie will die wirkliche Veränderung. Zu ihrer Revolution gehört, daß sie niemand anderen verändern will, sondern sich allein. Nur wenn sie sich selbst innerlich ändert, wird sie auch ihr äußeres Leben und die gesellschaftlichen Verhältnisse verändern können. Das ist die aktuelle Botschaft dieses zeitlosen Schauspiels. Solange Paarkrisen und Trennungsdramen, wie so häufig in der Realität, sich lediglich in dem Bemühen erschöpfen, den Partner verändern zu wollen, sind die Chancen für den eigenen Neubeginn gering. Nur durch die Umkehrung dieser Erwartung gibt man auch dem anderen die Möglichkeit, sich aus eigener Erkenntnis und Einsicht zu ändern. Diese können, wenn man Ibsen folgt, niemals das Produkt einer fremdbestimmten »Erziehung« sein, sondern nur einer Selbst-Erziehung zur Individuation und zu einer autonomen Person. So können Aufbruch und Befreiung des einen zur Chance und zum Gewinn für den anderen werden. Auch Helmer – man ahnt es – wird sich ändern, durch Schmerz und Leid und Trauer und Verlust – die Wandlung zur inneren und äußeren Freiheit ist nicht unbeschwerlicher, nicht billiger zu haben. Und auch nicht ohne die »Entdeckung der Langsamkeit« (Nadolny); das eigene Tempo herausfinden, das Wartenkönnen in Gelassenheit, Entwicklungen nicht erzwingen wollen, sondern sich aufmerksam auf das Überraschende, Unerwartete und Spontane einstellen – diese Fähigkeiten gehören ebenfalls zu einer inneren Veränderung, die den Neubeginn dauerhaft und tragfähig machen.

Wenn in diesem Zusammenhang der Begriff »Revolution« benutzt wird, handelt es sich insofern um eine Neudefinition, als der gängige Begriff die Umwälzung äußerer Verhältnisse meint. Alle bisherigen Überlegungen haben dagegen gezeigt, daß es vordringlich um innere Veränderungen geht. Sie verdienen die Bezeichnung »Revolution« aber deshalb, weil sie mit Umwälzungen der seelischen Strukturen bis in tiefe Schichten hinein verbunden und darin durchaus gesellschaftlichen Revolutionen vergleichbar sind.

In historischer Hinsicht besteht heute Einigkeit über die wechselseitige Abhängigkeit beider Revolutionsformen. Eine äußere Revolution bewegt Geschichte und damit menschliche Entwicklung nur vorwärts, wenn das Individuum selbst einen inneren Prozeß der Neuorientierung durchlaufen hat – wie umgekehrt äußere Umgestaltungen nicht ohne Rückwirkungen auf die seelische Verfassung des einzelnen bleiben.

Die wachsende Auflösung der traditionellen Familienform entspricht einem revolutionären gesellschaftlichen Prozeß. Damit er nicht unter den Zeichen der Zerstörung und des Leidens im Chaos endet, muß die Revolution des Neubeginns als seelische Möglichkeit im einzelnen angelegt sein. Den Aufgaben dieser inneren Veränderungen kann sich heute keiner mehr entziehen.

Der Aufbau funktionierender Systeme – der Abbau gesellschaftlicher Widerstände

Wenn man noch vor zwanzig bis dreißig Jahren die Familienstrukturen unserer Gesellschaft auf eine riesige Leinwand projiziert hätte, wäre ein serielles Bild entstanden, auf dem man sich die Familien als etwa gleichgroße Kreise, jeder scharf vom anderen abgegrenzt, symmetrisch aufgereiht vorstellen konnte. Das Bild hat wenig von der lebendigen Gleichmäßigkeit eines im Wind wogenden Weizen- oder Sonnenblumenfeldes; es entspricht mehr der graugetönten Monotonie erstarrter Lebensraster.

Die heutigen Familienstrukturen ergäben ein völlig verändertes Bild. Viele Kreise sind aufgebrochen und mit anderen zu größeren Einheiten verschmolzen; die geschlossenen variieren stärker in ihrer Größe, und die gesamte Leinwand ist von einem Netz von Verbindungen überzogen, das die veränderten Kreisstrukturen zu einer farbigen Vielfalt zusammenfügt.

Die Auflösung der Kernfamilie ist mit tiefgreifenden Wandlungen sozialer Beziehungsmuster verbunden. Ausgehend von der Studentenbewegung der siebziger Jahre und vertieft durch die sozialen Bewegungen der Gegenwart haben sich in breiten Schichten der Gesellschaft Impulse durchgesetzt, die Isolation der früheren Kleinfamilie aufzubrechen. Viele Restfamilien nach einer Scheidung schließen sich heute wieder zu neuen Familien zusammen, andere bauen das Netz ihrer Freundschaften und sozialen Kontakte weiträumig aus. Besonders alleinerziehende Mütter und Väter aktivieren die oftmals eingeschlafenen Verbindungen zu ihrer Herkunftsfamilie. Ihre eigenen Eltern, Geschwister und die weitere Verwandtschaft erfüllen dabei nicht nur eine Hilfsfunktion zur Bewältigung der Alltagsbelastungen; durch das erlittene Trennungstrauma werden die Beziehungen vielfach auch persönlicher und von einem größeren Verständnis geprägt als bisher. Diese Erfahrung hängt damit zusammen, daß durch eine schwere Lebenskrise und die dadurch ausgelöste Hilfsbedürftigkeit eines Familienmitgliedes die Loyalitätsgefühle und Verantwortungsbereitschaft der Gesamtfamilie mobilisiert werden. Hinzu kommt die Erkenntnis der Systemtheorie, daß sich nicht ein Teil einer Ganzheit verändern kann, ohne daß nicht das gesamte System verändert wird, d.h. die schmerzhaften Erfahrungen eines Trennungsdramas wirken auf das Erleben aller Familienangehörigen zurück. So kann man heute häufig beobachten, daß erst durch das Scheitern einer Ehe die emotionalen und materiellen Ressourcen einer »Großfamilie« freigesetzt werden, die vorher durch die Aufsplitterung in einzelne Kleinfamilien verschüttet worden waren.

Darüber hinaus täuscht der Begriff »alleinerziehende« Mütter und Väter darüber hinweg, daß wohl die Mehrzahl von ihnen, wenn auch getrennt, in dauerhaften oder auch wechselnden Liebesbeziehungen leben. Diese tragen nicht nur zur Entlastung des Verantwortungsdrucks und finanzieller Engpässe bei, sondern sie mildern vor allem das Trennungstrauma und wecken ein neues Hoffnungspotential für zukünftige Perspektiven.

Zu dem Ausbau des privaten Netzes kommen besonders für Frauen, die sich beruflich neu orientieren müssen, viele neue Erfahrungen hinzu. Nach Überwindung der Trennungskrise können sie oft erstmals eigene Interessen entwickeln, Fähigkeiten und Begabungen herausfinden, Bildungschancen nutzen und berufliche Ziele verwirklichen, die ihnen bisher unbekannt bzw. unerfüllbar erschienen (auf die Kehrseite dieser Medaille werde ich noch eingehen).

Mit anderen Worten: ein starker Wind hat die alten Strukturen aufgewirbelt, treibt sie durcheinander, erfaßt sie stellenweise sturmartig, wirft Baufälliges um – aber, das ist die positive Seite des Wandels, er reinigt und klärt verkrustete Verhältnisse und bringt lebendige Energien zur Neugestaltung innerer und äußerer Lebenswelten hervor.

Viele Menschen befinden sich heute im Aufbruch und befreien sich von den unsinnlichen und sinnentleerten Fetischen unserer Zivilisation. Die Vernetzung ihrer Interessen bringt die Begegnung mit Gleichgesinnten und eröffnet neue Erfahrungsräume – und dies, wie es scheint, unter offeneren und ehrlicheren Bedingungen der Mit-Teilung, des Mit-Leidens und der gemeinsamen Freude über ein Stück zurückgewonnenen Lebens.

In diese Entwicklung sind die Kinder unmittelbar eingeschlossen. Durch neue Familiengründungen oder Paarbeziehungen mit oder ohne weitere Kinder und durch den wachsenden Freundeskreis der getrennten Eltern lernen sie mehr Menschen kennen, die sich zur Identifizierung anbieten; außerdem nehmen sie häufiger als Kinder aus traditionellen Familien an der Vielfalt produktiver Erfahrungen teil, die den neuen Weg der Eltern begleiten. Der Humor, der Witz, die Phantasie, die Heiterkeit und Freude, das Gefühl für die Schönheit des Lebens und nicht zuletzt die natürlicheren Formen von Zärtlichkeit und Liebe, die in solchen erweiterten Familiensystemen oft intensiver gelebt und ausgedrückt werden, strahlen auf die Kinder aus und bestimmen ihr Lebensgefühl mit.

Die Revolution des Neubeginns und der Aufbau alternativer Systeme familiären Zusammenlebens sind nicht ohne Rückwirkungen auch auf die normale Familie geblieben. Verunsicherung, Neugier und Umorientierung bestimmen hier immer öfter die innere Lage und führen zur Auflockerung alter Strukturen, ohne daß diese grundsätzlich in Frage gestellt werden müssen. Nicht zuletzt wird diese Unruhe durch die nachfolgende Generation der Kinder in die Familie gebracht, da sich bei ihr neue Wertmuster und Lebensvorstellungen immer stärker durchsetzen.

Der Prozeß hängt außerdem mit der Tatsache zusammen, daß die traditionelle Familie kontinuierlich kleiner wird. So wuchsen 1987 bereits über 35 Prozent der Kinder bis zu fünfzehn Jahren als Einzelkinder in der Familie auf.[53] Für diese Eltern und ihre Kinder bedeutet daher die Erweiterung des sozialen Familiengefüges geradezu eine Notwendigkeit, wenn sie nicht in zunehmende Isolation geraten wollen.

Es ist heute eine unbestrittene Erkenntnis, daß die Umstrukturierung der Familie nicht nur Folge gesellschaftlichen Wandels ist, sondern letzterer auch durch die familiären Umbrüche mitbedingt wird. Der Aufbau funktionierender Systeme im familiären Zusammenhang kann nur gelingen, wenn man dieses wechselseitige Verhältnis von Familie und Gesellschaft berücksichtigt. Ein Teil einer Ganzheit kann sich nur verändern, wenn sich das Ganze verändert. Dieser bereits zitierte Satz der Systemtheorie läßt sich daher auch umkehren: Die Ganzheit muß sich verändern, damit sich ihre Teile verändern können.

Die Notwendigkeit zu wechselseitiger Anpassung ergibt sich auch auf dem Hintergrund einer sich kontinuierlich wandelnden Altersstruktur der Bevölkerung. Durch die im Vergleich zur Jahrhundertwende rapide gestiegene Lebenserwartung hat sich auch die Dauer der Ehe in der traditionellen Familie enorm verlängert. In vielen Analysen zur Struktur der Familie findet man daher zu Recht den Hinweis, daß die Heiratsformel »bis daß der Tod euch scheidet« heute eine gänzlich andere Bedeutung als noch vor hundert Jahren bekommen hat. Durch hohe Müttersterblichkeit und frühen Tod erlebten viele Eltern kaum jemals die Geburt ihrer Enkel, während heute die lebende Generationenlinie nicht selten bis zu den Urenkeln reicht. Damit hat sich die traditionelle Ehedauer um fast eine Generation verlängert. Hinzu kommt, daß der schnelle Wandel von Gesellschaftsstrukturen auch höhere Anpassungsbereitschaften des Individuums verlangt. Durch sie laufen die biographischen Lebensverläufe von Ehepartnern oft auseinander, weil in unserer pluralistischen Gesellschaft mehr Möglichkeiten zu unterschiedlichen inneren wie äußeren Entwicklungen gegeben sind. Die Forderung der tradierten Heiratsformel steht zu all diesen Veränderungen in einem diametralen Gegensatz. Die hohen Scheidungsquoten, das Sinken der Heiratsziffern und die wachsende Zahl unverheirateter Lebensgemeinschaften sind als quasi natürliche Antwort auf die bestehenden Widersprüche anzusehen. Das Heiratsversprechen »bis daß der Tod euch scheidet« stellt für viele einen unzumutbaren und von der Realität nicht einlösbaren Härtetest dar, in dem Selbsttäuschung und Lüge vorprogrammiert sind. Da zudem die Familie im Gegensatz zu früher nicht mehr die notwendige Voraussetzung zur materiellen Lebenssicherung und Altersvorsorge bildet, erscheint heute nur noch das Heiratsversprechen gerecht: »bis daß die endende Liebe euch scheidet«.

Dieser zeitgemäßen Formel stehen jedoch noch erhebliche gesellschaftliche Widerstände entgegen, die den Aufbau alternativer Familiensysteme erschweren. Symptomatisch kommen solche Widerstände besonders in der sozialen Situation alleinerziehender Eltern und speziell von Müttern zum Ausdruck. Der jüngste Bericht des Bundesministers für Jugend, Familie, Frau und Gesellschaft »Alleinerziehende Mütter und Väter – Eine Analyse der Gesamtsituation« zeichnet eine traurige Bilanz über die verschiedenen Formen der Benachteiligung dieser Bevölkerungsgruppe. Ich fasse die einzelnen Bereiche der Benachteiligung hier kurz zusammen:

1. Soziale Vorurteile, Diskriminierung sowie staatliche und nichtstaatliche Bevormundung, Einmischung und Kontrolle, von denen besonders die wachsende Zahl der

unverheirateten Mütter mit nichtehelichen Kindern betroffen ist.

2. Daraus entstehende Schwierigkeiten bei der Arbeitsplatzsuche und Wohnungsvermittlung.
3. Fehlende Betreuungsangebote für die Kinder.
4. Finanzielle Notstände durch Unterhaltsverletzungen und steuerliche Benachteiligung, die in Verbindung mit Arbeitslosigkeit häufig zur Sozialhilfebedürftigkeit führen.
5. Mißstände der wirtschaftlichen und sozialen Lage bis an den Rand der »neuen Armut« verstärken im Sinne von Zirkelbildungen die sozialen Vorurteile, die die Sozialisation der betroffenen Kinder in Kindergarten und Schule erheblich erschweren.
6. Die aus Punkt 1 bis 5 resultierende Streßbelastung führt zu einem Überforderungssyndrom, das zu psychosomatischen Erkrankungen der Erwachsenen und zu vermeidbaren Belastungen des Eltern-Kind-Verhältnisses führt.
7. Die aus Punkt 1 bis 6 entstandenen Probleme und Verhaltensschwierigkeiten des Kindes wirken zirkelhaft auf den subjektiven Belastungsdruck der Eltern zurück, der sich verschärfend auf die Konfliktlage eines Kindes auswirken kann.

Der Bericht schließt mit einem Katalog von sechs Forderungen, um die beschriebenen Formen der Benachteiligung aufzuheben. Alle Forderungen, so sozialpolitisch konkret sie auch sind, enthalten im Kern die Bemühung, die noch bestehenden gesellschaftlichen Schranken abzubauen und zu einer zeitgemäßen Lösung der Widersprüche zwischen Familie und Gesellschaft zu gelangen.

Bemerkenswert ist, daß alle jüngsten Berichte des genannten Bundesministeriums wie der »Vierte Familienbericht«, »Frauen in der Bundesrepublik Deutschland« und der »Achte Jugendbericht« sich durch eine ähnlich erfreuliche Berücksichtigung der gewandelten Familienstrukturen auszeichnen und kritisch für eine Veränderung der öffentlichen Meinung ebenso wie für weitreichende Reformen eintreten. Stellvertretend für viele Aussagen über ein neues Bewußtsein in der offiziellen politischen Auffassung steht folgendes Zitat aus dem »Achten Jugendbericht«:

»Uneheliche Geburt und Scheidung sind im Kontext der gesellschaftlichen Wandlungen, im Kontext also der Pluralisierung und Individualisierung von Lebensentwürfen, zunehmend Bestandteil der Normalität heutigen Lebens; sie sind nicht mehr schon als Faktum Indiz für Schwierigkeiten und Hilfsbedürftigkeit. – Diese Verschiebung des Normalitätsstandards aber bedeutet nicht, daß sich nicht in konfliktbeladenen Mutter-Vater-Beziehungen, in Uneinigkeiten bei Scheidungen massive Probleme vor allem auch in bezug auf die neuen ›geteilten‹ Elternaufgaben ergeben können. Hier aber, wo Hilfe nötig wäre, wird sie zur Zeit nur unzulänglich angeboten, da die verfügbaren Ressourcen durch die juristisch definierten ›Probleme‹ und Verwaltungsaufwand gebunden sind. Würden Gesetze und Verfahren geändert, dann gäbe es Chancen, neue Formen einer notwendigen, auf die konkreten Lebensverhältnisse bezogenen Unterstützung und Hilfe auszubauen.«[54]

Die gewandelten Anschauungen in der offiziellen politischen Meinungsbildung sind ein Zeichen dafür, daß sich die Gesellschaft als ein Ganzes an die veränderten Familienstrukturen als Teile der Gesellschaft anzupassen beginnt. Hieraus läßt sich die Hoffnung ableiten, daß umgekehrt die Umbrüche in einzelnen Familien immer stärker als Zeichen eines Gesamtprozesses begriffen werden und weiterhin verändernd auf diesen zurückwirken. In diesem Sinne gelingt der Aufbau alternativer Familienformen in dem Maße, wie die gesellschaftlichen Widerstände abgebaut werden. Welche psychologische Bedeutung diese Entwicklung für den einzelnen bei der konfliktfreieren Bewältigung des Trennungsdramas hat, ist in den vorangehenden Kapiteln ausführlich erörtert worden. Nur wenn der einzelne aus dem individuellen Schuldzusammenhang herausgelöst wird und sein Handeln stellvertretend für den gesamtgesellschaftlichen Wandlungsprozeß begriffen wird, kann er selbst sein persönliches Schicksal angstfreier annehmen, Trauerarbeit und Versöhnung leisten und zu einer produktiven Neugestaltung seines Lebens finden.

Allerdings darf nicht vergessen werden, daß der Wandlungsprozeß nur langsam durch veränderte politische Wertnormen eingeholt wird. Die zitierten Berichte formulieren lediglich Zielvorstellungen, deren Umsetzung in die Praxis nur in kleinen Schritten erfolgt. In der Verzögerung setzen sich die Widerstände von staatlichen Institutionen, von Kirche und Öffentlichkeit durch, die das Bestehende bewahren wollen.

Wie dringend notwendig jedoch die vorgeschlagenen Reformen wären, zeigt nicht zuletzt ein alarmierendes Phänomen, das in diesen Zusammenhang gehört und heftig diskutiert wird – der drastische Geburtenrückgang in allen westlichen Industrienationen. Dabei steht die Bundesrepublik Deutschland an erster Stelle. »Hatten um die Jahrhundertwende 100 Ehen noch fast 400 Kinder, so sind es heute ca. 160 Kinder. Zum Bestandserhalt der Bevölkerung wären 230 Kinder pro 100 Ehen nötig.«[55] Bevölkerungsstatistiker berechnen daraus exakte Zahlen, die bei fortlaufendem Trend das Aussterben der Bevölkerung ziemlich genau datieren können. In der Zwischenzeit sinkt der Anteil der Kinder ständig weiter, während bei wachsender Lebenserwartung die ältere Bevölkerung zunimmt. Nicht zuletzt trägt der Wandel der politischen Anschauungen auch dieser Entwicklung Rechnung, da sie eine schwere Krise der Gesellschaft anzeigt. Sie spiegelt sich in den Umbrüchen der Familie verschärft wider, weswegen die gesellschaftliche Akzeptanz und Förderung funktionierender Familiensysteme in ihrer gewandelten Form ein drängendes Gebot der Zeit ist.

Liebe – psychologisch und politisch: ein Ausblick

Schlagertexte, Kunstlieder, Opern, Lyrik, schöngeistige Literatur, Filme und viele andere Kulturschöpfungen haben seit Urzeiten immer wieder ein gemeinsames Thema und sind sich in einer Aussage einig: Liebe ist ein großes Gefühl. Darin reimt sich Liebe auf Triebe und Herz auf Schmerz, d.h. Liebe wird als ausschließlich seelisches Phänomen aufgefaßt, und dort, wo sie zerbricht, beginnt das persönliche Drama. Ganze Bibliotheken lassen sich heute mit psychologischer Literatur, ob streng wissenschaftlich oder populär, über die Liebe und ihre verschiedenen Schicksale füllen. Dieser Boom hängt mit einer zunehmenden Individualisierung von Glück und noch stärker von Leid zusammen, mit einer Nabelschau der Innenbefindlichkeit, die sich der Atomisierung des Menschen in den Ballungsgebieten fortgeschrittener Industriegesellschaften verdankt.

Auch das vorliegende Buch beschreibt die Liebe und mehr noch die Formen ihrer Zerstörung hauptsächlich aus tiefenpsychologischer Sicht – als individuelles Unglück, als Paardrama, als Familientragödie. Aber ich hoffe, daß dem Leser eine andere rote Linie nicht entgangen ist, die den Text durchzieht: Liebe in ihrer politischen Bedeutung. Mir scheint die inzwischen verbreitete Erkenntnis, daß alles Persönliche auch politisch ist, gerade für das vorliegende Thema von großer Wichtigkeit.

Bevor ich dieses letzte Kapitel schrieb, machte ich vier Wochen Pause. Ich wollte den notwendigen Abstand zu dem bisher Geschriebenen finden und wußte noch nicht, welchen Abschluß das Buch nehmen würde. Ich fuhr nach Indien. Mit einem geliehenen chinesischen Fahrrad radelte ich durch Kleinstädte und Dörfer, die in Palmenwäldern lagen. Das muß sehr komisch ausgesehen haben – ein blauäugiger Weißer, ein Nachfahre der kolonialen Rasse, der sich auf einem Fahrrad durch das Gewimmel von bunt gekleideten, dunkelhäutigen Menschen, von Büffeln, Schweinen, Ziegen, Hühnern und Hunden einen Weg an den kleinen farbigen Häusern und Bambushütten vorbei durch die staubigen Sandstraßen bahnt. Aber sie lachten mich nicht aus, die Frauen, Männer und Kinder, sie wandten nicht den Blick ab, sondern – sie lachten mich an; von jeder Veranda, von jedem Brunnen, von den Stufen eines kleinen Tempelchens kam mir ein fröhliches »Hallo!« entgegen. Die Menschen erschienen mir wie die leibhaftigen Töchter und Söhne der Götterwelt, die die Skulpturenlandschaft der mittelalterlichen Hindu-Tempel bevölkern, allen voran das leidenschaftliche Liebespaar Shiva und Parvati.

Im gleichen Zeitraum entstanden in unserem Kulturkreis die christlichen Monumentalbauten der Romanik und Gotik. Ihre »Kunst« bestand neben der Darstellung der heiligen und unbefleckten Maria und dem gekreuzigten und gemarterten Jesus in der Einschüchterung der Gläubigen durch den strafenden Blick Gott-Vaters, durch die Askese, den Ernst und die Strenge von Aposteln, durch böse Dämonen und Teufel und nicht zuletzt durch die qualvollen Leiden der Sünder in der Hölle. Die Tempel des Hinduismus feierten dagegen den Sieg der Liebe und des Lebens über das Böse. Von den Plastiken und Reliefs der heiligen Stätten strahlt eine Heiterkeit, eine vollbrüstige Fruchtbarkeit und eine Schönheit aus, die ihre Höhepunkte im Tanz der Liebespaare, in ihrer zärtlichen Umarmung und in ihrer sexuellen Vereinigung finden.

Der Kinderreichtum der Inder, dachte ich angesichts dieser Lebensfreude, ist er nicht auch, ungeachtet der bevölkerungspolitischen Problematik, ein Ergebnis dieser Religion, deren Tradition und Mentalität eine wichtige Seite der »Politik«, d.h. der Wertordnung und öffentlichen Gestaltung der Kultur einer Gemeinschaft, verkörpert? Keine Zwangskastrationen und freiwilligen Sterilisierungen haben an dieser »Kultur der Liebe« bisher Entscheidendes ändern können. Und unsere Kinderlosigkeit und unsere Ein- und Zweikind-Familien – haben sie nicht auch mit der politischen Dimension der Liebe zu tun? Noch heute heißen die obersten Gebote der Liebe für die katholische Kirche – und der Papst wird nicht müde, sie in jeder Enzyklika jährlich weltweit neu zu verkünden – Keuschheit, Enthaltsamkeit, keine Verhütungsmittel, Sexualität nur zum Zwecke der Zeugung, keine Schwangerschaftsunterbrechung. »Kann denn Liebe Sünde sein?« Ja, sie kann! Ihr entstammt unser Über-Ich, dem wir unsere Moral, unsere Schuldgefühle, unsere Scham und Angst verdanken. Aus der Verfilmung des Romans von Umberto Eco »Der Name der Rose« ist mir sinngemäß ein Satz des blinden Mönches Jorge in Erinnerung geblieben, der den Originaltext verkürzt zusammenfaßt: »Das Lachen muß verboten werden, denn das Lachen vertreibt die Furcht, und ohne Furcht kein Glaube.«[56] Das Wort »Lachen« läßt sich unschwer um das Wort »Liebe« ergänzen. Aber unsere Kirche ist nicht die einzige Institution, die einen politischen Zwang auf das persönliche Gefühl der Liebe ausübt.

Als ich aus Indien zurückkam, angefüllt mit dem Licht, den Farben und dem freundlichen Lachen dieses Landes, stellte ich ein kleines Experiment an: Ich habe auf der Straße mir fremde Menschen angelächelt. Kinder sahen mich mit ausdruckslosen Gesichtern an; Frauen schauten weg – offenbar fühlten sie sich von mir angemacht; Männer blickten aggressiv zurück, als fühlten sie sich ausgelacht. Aber es gab auch welche, die mein Lächeln erwiderten – es waren meist junge Menschen. Die Kultur des Lächelns ist der Anfang der Liebe.

Mein eigenes Lächeln hielt nicht lange an. Erst bei meiner Rückkehr erfuhr ich, soweit die Zensur es zuließ, das Ausmaß des Grauens durch den inzwischen vierwöchigen Golfkrieg: Zehntausende von Getöteten und Schwerverletzten – Soldaten, Zivilisten, Frauen und verbrannte Kinderleichen; Hungersnöte, Epidemien, Meeresverseuchung und brennende Ölfelder. Im Namen von Göttern werden die Menschen zum Gebet aufgefordert, die einen für den »gerechten«, die anderen für den »heiligen« Krieg. Religion und Politik waren schon immer engste Bündnisgenossen, wenn der Anspruch auf Macht und Besitz größer war als auf Menschenwürde und Liebe. Und das war er bisher fast immer. Die weltpolitische Wende der Jahre 1989 und 1990 in Richtung auf mehr Völkerverständigung und Weltfrieden weckte daher für viele die gleichzeitige Hoffnung auf ein grundsätzliches Umdenken in bezug auf die Probleme der Neugestaltung unserer planetaren Zukunft. Nur wenige Monate später zerbricht dieser Traum erneut, und unter seinen Trümmern wächst – über die Folgen des Golfkriegs hinaus – die Angst vor der globalen Katastrophe weiter. Mir fiel wieder eine Passage ein, die ich bereits in einem Aufsatz kurz nach dem Super-Gau durch das Reaktorunglück von Tschernobyl zitiert habe.[57] Sie stammt aus dem Science-fiction-Roman von Aldous Huxley »Affe und Wesen. Ein Roman aus der Zeit nach dem Atomkrieg«: »Die Liebe vertreibt die Furcht, aber umgekehrt vertreibt auch die Furcht die Liebe. Die Furcht vertreibt auch den Verstand, die Güte und jeden Gedanken an Schönheit und Wahrheit. Was bleibt, ist eine dumpfe oder auch angestrengt witzige Verzweiflung. Die Verzweiflung eines Menschen, der in einer Ecke seines Zimmers etwas Unheimliches bemerkt und der weiß, daß die Tür verschlossen ist und der Raum keine Fenster hat. Und jetzt dringt es auf ihn ein…Denn zuletzt vertreibt die Furcht auch das Menschsein des Menschen.«[58]

In dieser Stimmung kam eine 25jährige Patientin in die

erste Therapiestunde nach meinen Ferien. »Ich habe Angst«, sagte sie. »Seit dem Golfkrieg haben mich Entsetzen und Depression gepackt. Warum soll ich die Behandlung fortsetzen und in meinen persönlichen Gefühlen herumwühlen? Mir ist in den letzten Wochen klargeworden, wie sehr meine Gefühle von Resignation und Pessimismus mit dem Zustand unserer Gesellschaft und der Welt zusammenhängen. Wo man hinschaut, herrschen Lüge, Betrug und Gewalt. Waffenexporte, Giftgas, Atomrüstung und Atomenergie sind nur die äußeren Zeichen, wie Menschen und Natur beherrscht, ausgebeutet und zerstört werden. Das kann einem die Lust am Leben endgültig nehmen. Zukunft! Was ist das? Da bleibt auch von der Liebe nichts übrig, und Kinder, das habe ich mir geschworen, werde ich nie in diese Welt setzen!«

Ich war nicht besonders überrascht in dieser Stunde, weil ich aus vielen anderen Behandlungen und aus zahlreichen wissenschaftlichen Untersuchungen weiß, wie verbreitet solche Gefühle heute in der Bevölkerung und besonders in der jungen Generation sind. Ich halte es daher auch für zwecklos und sogar für falsch, sie nur nach analytischem Muster zu behandeln, d.h. sie ausschließlich als Projektionen und Verschiebungen von persönlichen Konflikten aufzufassen. Im Gegenteil macht der zitierte Ausschnitt aus der Behandlungsstunde deutlich, wie sehr die Patientin bisher die gesellschaftliche Realität als Teilursache für ihre Gefühlslage verleugnet und ganz im Trend der Individualisierung von Problemen diese nur bei sich und in ihrem Kindheitsschicksal gesehen hatte.

Ich will an dieser Stelle nicht ausführlich auf behandlungstechnische Fragen eingehen, aber doch erwähnen, daß ich den Einfluß politischer Faktoren auf die innere und äußere Konfliktlage erst relativ spät während einer Behandlung anspreche, sofern sie nicht vorher schon vom Patienten thematisiert werden. Ich möchte, daß der Patient sich zuerst in seinen ganz persönlichen Problemen ernstgenommen fühlt, und ihm nicht ein Thema suggerieren, das er als Ausweichen des Therapeuten vor der inneren Auseinandersetzung und somit als therapeutisches Unverständnis und als Manipulation auffassen könnte. Erst wenn der Patient eine ausreichende innere Stabilität wiedergewonnen hat, ist er auch in der Lage, sich mit seiner äußeren Realität zu konfrontieren.

Auch dieser Mechanismus der Patientin, die gesellschaftliche Realität wegen ihres permanenten Bedrohungscharakters zu verdrängen, ist nicht nur im Rahmen von Behandlungen zu beobachten. Es gibt inzwischen zahlreiche Studien darüber, wie die Angst vor gesellschaftlichen Gefahren ins Unbewußte abgedrängt wird und die Innenbefindlichkeit beeinflußt, ohne daß der Zusammenhang von den Betroffenen erkannt wird. So ist inzwischen hinreichend bekannt, daß Streß, Konkurrenz, Entfremdung und autoritäre Erniedrigung am Arbeitsplatz ebenso wie drohende oder reale Arbeitslosigkeit zu tiefen Gefühlen der Verunsicherung, der Ohnmacht und zu psychosomatischen Erkrankungen führen und diese als Gefühls- und Beziehungsstörungen in Freundschaften, Partnerschaften und in die Familie zurückwirken.

Es ist merkwürdig und bedarf einer Erklärung, warum diese Zusammenhänge so wenig berücksichtigt werden, wenn es um die Liebe, ihre Wandlungen, ihre Zerstörung und ihre Erneuerung geht. Ich glaube, daß der Hauptgrund für diese Verleugnung – wie in anderen Zusammenhängen schon erläutert – in dem Verlust eines ganzheitlichen Denkens liegt. Daß der Mensch ein soziales Wesen ist, eingebettet in einen komplexen Zusammenhang von gesellschaftlichen und familiären Strukturen einschließlich ihrer geschichtlichen und geistig-kulturellen Traditionen, ist uns, so scheint es, nur rein theoretisch geläufig. In der Praxis unseres Denkens und Handelns hat sich auch hier ein Spaltungsprozeß durchgesetzt, der das Individuum von der Gesellschaft unterscheidet und das Individuum nochmals in eine private und öffentliche Person unterteilt. Diese klaren Kategorien erleichtern die Verwaltung des Menschen – und fördern seine Entfremdung. Die private Person begreift sich nicht mehr als politisch (»Politik machen die anderen«), die öffentliche Person trennt streng zwischen privater und beruflicher Sphäre (»Mein Privatleben geht niemanden was an«). Lange soziologische Exkurse zur Erklärung des Phänomens können hier durch drei einfache Fragen ersetzt werden: Wie viele Frauen waren wie oft auf dem Arbeitsplatz ihrer Männer, um zu erleben, was sie dort und mit wem tun, reden, denken? Wie viele Männer haben ihre Frauen schon an ihrem Arbeitsplatz besucht? Wie viele Kinder wissen überhaupt, was ihre Eltern tun, geschweige denn wo und unter welchen Bedingungen? Nach meiner Erfahrung käme man bei der Überprüfung der Fragen zu trostlosen Antworten. Das mangelnde Interesse[59] und die fehlende Anteilnahme an der »anderen Welt« des Partners sind verinnerlichte Spaltungsprodukte der Aufteilung in Privatheit und Öffentlichkeit. Sie sind uns so zur Selbstverständlichkeit geworden, daß wir es verlernt haben, den anderen als »ganze« Person zu sehen. So erklärt sich, warum die Liebe zur »Privatangelegenheit« wurde und ihre politische Dimension verloren hat. Angeblich! Denn daß die Liebesfähigkeit eines Menschen unter dem Einfluß gesellschaftlicher Kräfte erhebliche Einbußen erleiden kann, ja daß sie unter besonderen strukturellen Gewaltbedingungen[60] – Tschernobyl und der Golfkrieg dienen hier nur als besonders krasse Beispiele – zeitweilig oder dauerhaft zerstört werden kann, scheint mir unzweifelhaft. Liebe ist kein isoliertes Gefühl. Sie steht in einem engen Bedingungszusammenhang mit einer Vielzahl anderer Gefühle wie Sicherheit, Vertrauen, Geborgenheit, Verständnis, Wärme, Hoffnung, Zuversicht, Freude und dem Glauben an Zukunft. Gerade dadurch, daß der politische Charakter der Liebe verkannt wird, entgehen einem die Irritationen, die unter negativen Vorzeichen die gesellschaftliche Realität auf dieses vielfältige Gefühlsspektrum ausübt und damit die Fähigkeit zur Liebe lähmt.

Dabei ist zu bedenken, daß Liebe unteilbar ist. Man kann nicht lieben, wenn man von Haß erfüllt ist; man kann auch nicht einen einzelnen Menschen lieben, wenn man nicht über eine umfassendere Liebe verfügt, ob zum Leben, zu Kindern, zu Menschen überhaupt, ob zur Natur, zur Kunst oder zu anderen weltlichen oder religiösen Idealen. Und wenn sich Gesellschaftsformationen durchgesetzt haben, die vieles davon bedrohen, gefährden oder gar zerstören, »dann bleibt auch von der Liebe nichts übrig«, wie meine Patientin befürchtet, nichts von der ganzheitlichen Liebe, die die individuelle erst möglich macht.

Ich möchte das Buch nicht mit dieser pessimistischen Perspektive abschließen. Ich glaube nicht an sie. Aber man muß manchmal bis nahe an gefährliche Grenzen herandenken und die Angst dabei ertragen, wenn man Zusammenhänge verstehen will, die, unerkannt, Leben beschädigen können, wo es zu retten wäre. Die privaten und öffentlichen Klagen über die negativen Auswirkungen der zerstörten Beziehungen und das Zerbrechen der Familien reißen nicht ab. Häufig werden diese Umbrüche als Folge eines unverantwortlichen Selbstverwirklichungstrends, eines wachsenden Hedonismus und Narzißmus gebrandmarkt. In dieser Bewertung liegen für mich zwei Mißverständnisse. Erstens wird mit solchen Zuschreibungen das Problem individualisiert und dabei übersehen, daß die genannten Bedürfnisse und Eigenschaften durch komplexe gesellschaftliche Entwicklungsprozesse gefördert, wenn nicht erst erzeugt werden. Das zweite Mißverständnis scheint mir darin zu bestehen, daß die Eigenschaften als quasi primäre menschliche Antriebe interpretiert werden. Ich glaube dagegen, daß man sie gerade auf dem Hintergrund gesellschaftlicher Transformationen auch als Formen seelischer Abwehrprozesse verstehen muß. Hinter der äußeren Fassade von Genußsucht, Lebenshunger, übertriebener Selbstdarstellung und Egoismus verbergen sich nicht selten die schmerzhaften Gefühle von Einsamkeit, Verzweiflung und Trauer. Und diese Gefühle werden nicht zuletzt durch den Zustand und die bedrohliche Perspektive der gesellschaftlichen Situation erzeugt.

Als Beispiel möchte ich, ausgehend von der zitierten Patientin, folgende Phantasie ausmalen: In der Stunde sagt sie: »Und Kinder, das habe ich mir geschworen, werde ich nie in diese Welt setzen« – ein Gedanke, der mit der gleichen Motivation heute bei vielen jungen Mädchen, auch schon bei Kindern, verbreitet ist. Die Patientin befindet sich zur Zeit noch in Ausbildung. Bald wird sie einen Beruf haben und vielleicht eine Karriere machen. Irgendwann, nicht zu früh, heiratet sie und steht dann vor der Frage, ob sie Kinder möchte. Sie entscheidet sich dagegen, weil sie in ihrem Beruf viel Freude und Erfolg sieht und sich inzwischen mit ihrem Mann an ein anspruchsvolles Leben gewöhnt hat. Nur untergründig leidet sie unter einer Traurigkeit, die sich manchmal zu stärkeren Depressionen verdichtet, für die sie aber keine Erklärung findet. Die schmerzhafte Verzweiflung damals während des Golfkriegs und über alles, was damit für sie zusammenhing, hat sie längst »vergessen«; sie würde sich nicht mehr an ihren Ausspruch erinnern, wenn man ihr davon erzählte. Sie »glaubt« jetzt an ganz andere Gründe, die gegen ein Kind sprechen. Ich bin davon überzeugt, daß die Patientin, wenn sie zu diesem Zeitpunkt erneut in eine Therapie gehen würde, den glänzenden Überbau ihres heutigen Lebens erst abtragen müßte, um die früheren Gefühle neu zu beleben und als die eigentliche Ursache für ihre Kinderlosigkeit – und für ihre Trauer zu erkennen.

Wenn man einmal unter diesem Blickwinkel die Ursachen des Geburtenrückgangs und des langsamen »Aussterbens« der Bevölkerung studieren würde, könnte man sicher Zusammenhänge entdecken, die heute noch verdrängt werden, weil sie auf der persönlichen Ebene viel zu schmerzlich und auf der politischen zu gefährlich wären. Aber genau um die Aufhebung dieser Verdrängungen geht es, wenn man die politische Dimension der Liebe zum Verständnis der heutigen Paarkonflikte einbezieht. Ich glaube, daß der nur psychologische Ansatz zu kurz greift, um die Probleme umfassend zu verstehen. Die Chancen des erweiterten Ansatzes liegen darin, daß man sich selbst und den anderen auch in seinem gesellschaftlichen Schicksal besser begreift, und darin, wie dieses Schicksal die Liebes- und Beziehungsfähigkeit jedes einzelnen mitbestimmt.

Wie sagt Nora zur Begründung ihres revolutionären Neubeginns? »Ich muß mich davon überzeugen, wer recht hat, die Gesellschaft oder ich.«[61]

Ibsen weiß, wenn ich ein »Mensch werden« will, d.h. zur Liebe fähig, muß ich die Gesellschaft fragen dürfen, durch welche ihrer Einflüsse sie mich daran behindert. Immer mehr Menschen fangen heute an zu fragen. Die Paardramen unserer Zeit enthalten auch diese brennenden Fragen: »Was hat die Gesellschaft mit uns gemacht, daß wir so sind, wie wir sind?« »Wie können wir nicht nur uns, sondern auch unsere Umwelt verändern, damit wir das werden können, was wir sein wollen: Menschen, die zur Liebe fähig sind?«

Deswegen bin ich nicht pessimistisch und stimme den Klagen nicht zu. Für mich steht fest: So tragisch und schmerzhaft das Verlassen und Verlassenwerden ist, so eindeutig steht die Trennung selbst, die Versöhnung mit diesem Schicksal und die Revolution des Neubeginns, über die einzelne Beziehung hinaus, auch für eine Bewegung, die ein menschenwürdiges Leben für alle einfordert. Der Umbruch drückt nicht nur den Verlust der Liebe aus, sondern auch ihre Kraft und ihren Widerstand, mit dem sie sich der Zerstörung entgegenstellt und nach Erneuerung sucht.

Shiva ist der Gott der Schöpfung und Zerstörung zugleich. Auf seinen Tempeln triumphiert in der Einheit von Leben und Tod immer wieder die Erneuerung der Liebe.

Anmerkungen

1 Willi, J.: Koevolution, S. 23.
2 Das Zahlenmaterial wurde entnommen aus: Stat. Bundesamt, Fachserie 1, Reihe 1, 1988; Hartmann, P., 1990; Price, Sh.J., 1990; Glick, P.C., 1990; Vierter Familienbericht 1986.
3 Albee, E.: Wer hat Angst vor Virginia Wolf...?, S. 142–143.
4 Reich, G.: Partnerwahl und Ehekrisen.
5 Petri, H.: Trennungsschmerz, S. 27f.
6 Freud, S.: Hemmung, Symptom und Angst, S. 167.
7 Freud, S.: a.a.O., S. 161,
8 Berliner Bild Zeitung Nr. 170/30 vom 24. Juli 1990.
9 Bowlby, J.: Die Trennungsangst, S. 413.
10 Meierhofer, M., Keller, H.: Frustration im frühen Kindesalter, S. 223.
11 Meierhofer, M., Keller, H.: a.a.O., S. 225.
12 Bowlby, J.: a.a.O., S. 462.
13 Zu den verschiedenen Ursachen körperlicher Gewalt gegen Kinder s. ausführlich bei: Petri, H.: Erziehungsgewalt.
14 s. Seitz, R. (Hg.): Zitate von A-Z. S. 150.
15 Euripides: Medea, S. 635f.
16 Euripides: a.a.O., S. 637
17 Euripides: a.a.O., S. 639.
18 Euripides: a.a.O., S. 640.
19 Euripides: a.a.O., S. 645f.
20 Euripides: a.a.O., S. 649f.
21 Euripides: a.a.O., S. 654.
22 Euripides: a.a.O., S. 655.
23 Euripides: a.a.O., S. 662.
24 Actio Humana, Nr.II, 1990, S. 41.
25 Am fundiertesten wurden in Deutschland die Eltern-Kind-Beziehungen von H.E. Richter in »Eltern, Kind und Neurose« und in »Patient Familie«, sowie von H. Stierlin in »Von der Psychoanalyse zur Familientherapie« und in »Delegation und Familie« untersucht.
26 Freud, S.: Trauer und Melancholie, S. 428f.
27 Freud, S.: a.a.O., S. 430.
28 Wolfgang K.: Ich übergebe dem Feuer zur Umwandlung…, S. 20 u. 22.
29 Beyeler, A.: Abschied vom Schneckenhaus, S. 33.

30 Zur Trauer nach dem Tod eines Angehörigen verweise ich auf die ausführliche Darstellung von V. Kast: »Trauern«; zum Trauerprozeß angesichts des eigenen Sterbens sei besonders verwiesen auf E. Kübler-Ross; »Interviews mit Sterbenden«.
31 Beck-Gernsheim, E.: Vom Geburtenrückgang zur Neuen Mütterlichkeit?, S. 138.
32 Nadolny, St.: Die Entdeckung der Langsamkeit, S. 308.
33 Einschränkungen zu dieser Beschreibung vgl. Kap. X.
34 Bei dieser Deutung beziehe ich mich auf die Interpretation des Mythos von I. Clarus: »Odysseus und Oidipus«.
35 Hier ist besonders auf die Bücher von I.Ricci (1980), S. Goldstein und A. Solnit (1984), A.C. Bernstein (1989) und J. Wallerstein und S. Blakeslee (1989) zu verweisen.
36 Bei der folgenden Darstellung lehne ich mich wieder an die Interpretation von I. Clarus a.a.O. an.
37 Der Vollständigkeit halber sei erwähnt, daß das Ehedrama noch früher beginnt. Agamemnon hatte Tantalos, den ersten Mann Klytaimnestras, im Kampf getötet und brachte auch das neugeborene Kind der beiden um; anschließend zwang er Klytaimnestra zur Heirat.
38 O'Neill, E.: Trauer muß Elektra tragen, S. 40.
39 O'Neill, E.: a.a.O., S. 29.
40 O'Neill, E.: a.a.O., S. 21.
41 O'Neill, E.: a.a.O., S. 43.
42 O'Neill, E.: a.a.O., S. 61.
43 O'Neill, E.: a.a.O., S. 41.
44 O'Neill, E.: a.a.O., S. 107.
45 O'Neill, E.: a.a.O., S. 108–109.
46 O'Neill, E.: a.a.O., S. 68–69.
47 »Der Mensch ist dem Menschen ein Wolf.«
48 Fromm, E.: Ihr werdet sein wie Gott, S. 184.
49 Fromm, E.: a.a.O., S. 187.
50 Ibsen, H.: Nora, S. 87–94.
51 Willi, J.: Die Zweierbeziehung, S. 271.
52 Bergman, I.: Szenen einer Ehe, S. 188.
53 Achter Jugendbericht, S. 38.
54 Achter Jugendbericht, S. 140.
55 Vierter Familienbericht, S. 33. In diesem Zusammenhang sei auch auf die glänzende soziologische Analyse der modernen Familiensituation von U. Beck und E. Beck-Gernsheim »Das ganz normale Chaos der Liebe« hingewiesen.

56 Die philosophische Auseinandersetzung über Gottesfurcht und die subversive Kraft des Lachens findet sich in der Originalfassung bei Eco, U.: Der Name der Rose, S. 604ff.
57 Petri, H.: Die Kinder von Tschernobyl, S. 179.
58 Huxley, A.: Affe und Wesen, S. 42 f.
59 In der lateinischen Übersetzung bedeutet inter-esse u.a. dabei-sein, untereinander-sein, mittendrin-sein, zugegen-sein und teilnehmen.
60 »Während personale Gewalt die ›direkte‹ feindliche Auseinandersetzung zwischen zwei Menschen meint, versteht man seit Galtung (1975) unter struktureller oder ›indirekter‹ Gewalt Ungleichheitsverhältnisse, die den Einzelnen der Macht und dem Einfluß anderer Menschen oder gesellschaftlicher Strukturen ausliefert, wodurch er in seiner eigenen Entwicklung behindert oder bedroht wird.« Aus: Petri, H.: Erziehungsgewalt, S. 22.
61 Ibsen, H.: Nora, S. 91.

Literatur

Albee, E.: Wer hat Angst vor Virginia Woolf...? Fischer Verlag, Frankfurt/M. 1963.

Beck, U., Beck-Gernsheim, E.: Das ganz normale Chaos der Liebe. Suhrkamp Verlag, Frankfurt/M. 1990.

Beck-Gernsheim, E.: Vom Geburtenrückgang zur Neuen Mütterlichkeit? Fischer Verlag, Frankfurt/M. 1984.

Benard, Ch., Schlaffer, E.: Laßt endlich die Männer in Ruhe. Rowohlt Verlag, Reinbek bei Hamburg 1990.

Bergmann, I.: Szenen einer Ehe. Hoffman und Campe Verlag, Hamburg 1975.

Bernstein, A.C.: Die Patchworkfamilie. Kreuz Verlag, Zürich 1990.

Beyeler, A.: Abschied vom Schneckenhaus. Actio Humana II/1990, S. 33–39.

Boszormenyi-Nagy, I., Spark, M.: Unsichtbare Bindungen. Verlag Klett-Cotta, Stuttgart 1981.

Bowlby, J.: Die Trennungsangst. Psyche 15, S. 411–464, 1961.

Bundesminister für Jugend, Familie und Gesundheit: Alleinerziehende Mütter und Väter – Eine Analyse der Gesamtsituation, Bonn 2. Aufl. 1989.
Vierter Familienbericht, Bonn 1986.
Frauen in der Bundesrepublik Deutschland, Bonn 1989.
Achter Jugendbericht, Bonn 1990.

Capra, F.: Wendezeit. Scherz Verlag, Bern, München, Wien, 15. Aufl. 1987.
Caruso, I.A.: Die Trennung der Liebenden. Kindler Verlag, München 1974.
Clarus I.: Odysseus und Oidipus. Bonz Verlag, Fellbach 1986.
Eco, U.: Der Name der Rose, Hanser Verlag, München, Wien 1982.
Euripides: Medea. In: Friedrich, W.H. (Hg.): a.a.O.
Ferguson, M.: Die sanfte Verschwörung. Sphinx Verlag, Basel 1982.
Freud, S.: Totem und Tabu. Ges. Werke, Bd. IX (1913), Fischer Verlag, Frankfurt/M. 1973.
Freud, S.: Trauer und Melancholie. Ges. Werke, Bd. X (1916), Fischer Verlag, Franfurt/M. 1967.
Freud, S.: Hemmung, Symptom und Angst. Ges. Werke, Bd. XIV (1926), Fischer Verlag, Frankfurt/M. 1963.
Freud, S.: Die Zukunft einer Illusion. Ges. Werke, Bd. XIV (1927), Fischer Verlag, Frankfurt/M. 1963.
Friedrich, W.H. (Hg.): Griechische Tragiker. (Euripides in der Übertragung von J.A. Hartung; Sophokles in der Übertragung von K.W.F. Solger). Deutscher Bücherbund (Winkler), Stuttgart, Hamburg, o.J.
Fromm, E.: Ihr werdet sein wie Gott. Ges. Werke, Bd. 6 (1966), Deutsche Verlags-Anstalt, Stuttgart 1980.
Fromm, E.: Haben oder Sein. Ges. Werke, Bd. 2 (1976), Deutsche Verlags-Anstalt, Stuttgart 1980.
Glick, P.C.: Marriage & Family Trends. In: NCFR Presidential Report: 2001: Preparing families for the future. Minneapolis (Bolger Publications) 2–3.
Goethe, J.W.: Iphigenie auf Tauris. Reclams UB 83.
Goldstein, S., Solnit, A.J.: Wenn Eltern sich trennen. Verlag Klett-Cotta, Stuttgart 1989.
Hartmann, P.: Warum dauern Ehen nicht ewig? Westdeutscher Verlag, Opladen 1990.
Huxley, A.: Affe und Wesen. Piper Verlag, München, Zürich 1984.
Ibsen, H.: Nora (Ein Puppenheim). Reclam UB 1257.
Jung, C.G.: Versuch einer Darstellung der psychoanalytischen Theorie. Jb.f.psa. und psychopath. Forschungen, Bd. V, 370, 1913.
K., Wolfgang: Ich übergebe dem Feuer zur Umwandlung…Actio Humana, II/1990, S. 20–22.
Kast, V.: Trauern. Kreuz Verlag, Stuttgart 1982.
Klein, M.: Das Seelenleben des Kleinkindes. Klett-Verlag, Stuttgart 1962.
Kübler-Ross, E.: Interviews mit Sterbenden. Kreuz Verlag, Stuttgart 1969.

Meierhofer, M., Keller, H.: Frustration im frühen Kindesalter. Huber Verlag, Bern 1966.
Mitscherlich, A.: Auf dem Weg zur vaterlosen Gesellschaft, Piper Verlag, München 1963.
Nadolny, St.: Die Entdeckung der Langsamkeit. Piper Verlag, München 1983.
Norwood, R.: Wenn Frauen zu sehr lieben. Rowohlt Verlag, Reinbek bei Hamburg 1986.
O'Neill, E.: Trauer muß Elektra tragen. Fischer Verlag, Frankfurt/M. 1990.
Petri, H.: Die Kinder von Tschernobyl. In: ders.: Angst und Frieden. Fischer Verlag, Frankfurt/M. 1987, S. 177–183.
Petri, H.: Erziehungsgewalt. Fischer Verlag, Frankfurt/M. 2. Auflage 1991.
Petri, H.: Trennungsschmerz. In: H.J. Schultz (Hg.): Schmerz. Kreuz Verlag Stuttgart 1990, S. 22–35.
Price, Sh.J.: Divorce. In: NCFR Presidential Report, a.a.O., S. 30–31, 1990.
Rank, O.: Das Trauma der Geburt. Int. Psychoanal. Verlag, Leipzig, Wien, Zürich 1924.
Reich, G.: Partnerwahl und Ehekrisen. Asanger Verlag, Heidelberg 1987.
Ricci, I.: Meine Eltern sind geschieden. dtv., München 1984.
Richter, H.E.: Eltern, Kind und Neurose. Klett Verlag, Stuttgart 1963.
Richter, H.E.: Patient Familie. Rowohlt Verlag, Reinbek bei Hamburg 1970.
Seitz, R. (Hg.): Zitate von A–Z. Südwest Verlag, München, o.J.
Sophokles: Elektra. In: Friedrich, W.H. (Hg.) a.a.O.
Spitz, R.: Vom Säugling zum Kleinkind. Klett Verlag, Stuttgart 1967.
Statistisches Bundesamt: Eheschließungen und Ehelösungen. Fachserie 1, Bevölkerung und Erwerbsfähigkeit, Reihe 1, Gebiet und Bevölkerung 1988, Wiesbaden 1988.
Stierlin, H.: Von der Psychoanalyse zur Familientherapie. Klett Verlag, Stuttgart 1975.
Stierlin, H.: Delegation und Familie. Suhrkamp Verlag, Frankfurt/M. 1978.
Wallerstein, J., Blakeslee, S.: Gewinner und Verlierer. Verlag Droemer Knaur, München 1989.
Wieck, W.: Männer lassen lieben. Kreuz Verlag, Stuttgart 1987.
Willi, J.: Die Zweierbeziehung. Rowohlt-Verlag, Reinbek bei Hamburg 1975.
Willi, J.: Koevolution. Rowohlt Verlag, Reinbek bei Hamburg 1985.

Quellennachweis

Aus folgenden Publikationen wurde mit freundlicher Genehmigung der genannten Verlage und Zeitschriftenredaktionen zitiert:

Beck-Gernsheim, E., Vom Geburtenrückgang zur Neuen Mütterlichkeit?, Fischer Taschenbuch Verlag GmbH, Frankfurt/Main 1984
Fromm, E., Ihr werdet sein wie Gott, Gesammelte Werke Bd. 6, Deutsche Verlags-Anstalt, Stuttgart 1986
O'Neill, E., Trauer muß Elektra tragen, für die deutsche Ausgabe in der Übersetzung von Michael Walter, Fischer Taschenbuch Verlag GmbH, Frankfurt/Main 1990
Achter Jugendbericht, Bundesministerium für Jugend, Familie, Frauen und Gesundheit, Bonn 1990
Bowlby, J., Die Trennungsangst, in Psyche 15/1961
K., *Wolfgang,* Ich übergebe dem Feuer zur Umwandlung…, Actio Humana II/1990